ARBEITSGEMEINSCHAFT FÜR FORSCHUNG
DES LANDES NORDRHEIN-WESTFALEN

GEISTESWISSENSCHAFTEN

81. SITZUNG
AM 21. JUNI 1961
IN DÜSSELDORF

ARBEITSGEMEINSCHAFT FÜR FORSCHUNG
DES LANDES NORDRHEIN-WESTFALEN

GEISTESWISSENSCHAFTEN

HEFT 109

HANS PETERS

Das Recht auf freie Entfaltung der Persönlichkeit in der höchstrichterlichen Rechtsprechung

HERAUSGEGEBEN
IM AUFTRAGE DES MINISTERPRÄSIDENTEN Dr. FRANZ MEYERS
VON STAATSSEKRETÄR PROFESSOR Dr. h. c. Dr. E. h. LEO BRANDT

HANS PETERS

Das Recht auf freie Entfaltung der Persönlichkeit in der höchstrichterlichen Rechtsprechung

Springer Fachmedien Wiesbaden GmbH

ISBN 978-3-322-98161-5 ISBN 978-3-322-98826-3 (eBook)
DOI 10.1007/978-3-322-98826-3

Inhaltsverzeichnis

Abkürzungsverzeichnis

a. a. O.	=	am angegebenen Orte
Abs.	=	Absatz
Arch. öff. R.	=	Archiv des öffentlichen Rechts
Art.	=	Artikel
BArbG	=	Bundesarbeitsgericht
Bd.	=	Band
BFinH	=	Bundesfinanzhof
BGH	=	Bundesgerichtshof
BGHZ	=	Bundesgerichtshof, Amtliche Entscheidungen in Zivilsachen
BSozG	=	Bundessozialgericht
BVerfGG	=	Gesetz über das Bundesverfassungsgericht vom 12. Mai 1951
BVerfG	=	Bundesverfassungsgericht
BVerwG	=	Bundesverwaltungsgericht
E	=	Entscheidung (einer amtlichen Reihe von Entscheidungen)
GG	=	Grundgesetz
JZ	=	Juristenzeitung
StGB	=	(Reichs-) Strafgesetzbuch vom 15. März 1871

I. Begründung für die Behandlung des Themas

Das Thema scheint mir eine Behandlung in einem Vortrag aus mehrfachen Gründen zu lohnen: Zunächst handelt es sich bei dem Grundrecht auf freie Persönlichkeitsentfaltung, das in Art. 2 Abs. 1 des Grundgesetzes gewährleistet ist, letztlich um die Grundlage des gesamten Grundrechtssystems und demgemäß um ein Problem, das genausoweit reicht wie überhaupt das Eigeninteresse jedes Bürgers an den *Grundrechten.* Daher darf man ein besonderes Sachinteresse auch bei Nichtjuristen voraussetzen und die Probe aufs Exempel machen, ob die von Juristen getragene Rechtsprechung wirklich den Vorstellungen überlegender Bürger gerecht wird. Dadurch ist bei diesem Thema wohl allen Zuhörern Gelegenheit zur Beteiligung an der Diskussion gegeben, deren Ergebnis für meine eigene Stellungnahme von Bedeutung sein wird. Als Zweites will ich mit meinen Ausführungen einen Gedanken fortspinnen und verdeutlichen, den ich an anderer Stelle[1] bereits herausgestellt habe und der auf die Gefahren einer Positivierung der Menschen- und Grundrechte hinweist, – Gefahren, die letztlich zu einer Entwertung der Anerkennung unveräußerlicher Menschenrechte führen können, wenn man sich dieser Entwicklung nicht beizeiten bewußt wird. Das Anliegen, um das es dabei geht, besteht darin, daß der Verfassungsgesetzgeber – in unserem Falle der Parlamentarische Rat in Bonn in den Jahren 1948/49 – die juristische Formulierung von Menschenrechten getroffen hat, dabei ideengeschichtlich und ethisch verankerte Wertvorstellungen unverbunden nebeneinanderstellen und in die abstraktformale Sprache der Juristen übersetzen mußte. Damit sind überstaatliche Forderungen – ich möchte den Ausdruck „Naturrecht“, den ich selbst hier gern gebrauchen würde, vermeiden, um nicht den Streit um das Naturrecht, sein Wesen und seine Arten hier aufzurollen[2], – in das positive Recht aufgenommen worden

[1] Vgl. *H. Peters,* die Positivierung der Menschenrechte und ihre Folgen i. „Naturordnung in Gesellschaft, Staat, Wirtschaft“. Festschrift für Johannes Messner, hrsg. v. Jos. Höffner, Alf. Verdross, Francesco Vito. Innsbruck 1961, S. 363 ff.

[2] Vgl. Art. „Naturrecht“ i. Bd. 5 des „Staatslexikons der Görres-Gesellschaft“ (1960), S. 929 ff.

und geraten in die Auslegung einer am Bürgerlichen Recht positivistisch geschulten Juristengeneration, deren Mängel [3] vielleicht auch an dem hier zur Erörterung stehenden Problem offenbar werden. Vielen Juristen ist bisher weithin noch nicht aufgegangen, daß im Staatsrecht teilweise andere Interpretationsregeln zur Anwendung kommen müssen als im Bürgerlichen Recht [4]. Gerade an Sätzen wie der Sicherung des Rechts auf freie Entfaltung der Persönlichkeit zeigt sich, daß hier normativ politische und ethische Prinzipien aufgestellt sind, deren Grundgedanken und Wertvorstellungen der Jurist bei der Rechtsanwendung zu beachten hat, weil hier nämlich Begriffe und Formulierung lediglich der gesetzgeberische Weg sind, um ihnen als Grundlagen des Staatsaufbaus Anerkennung zu verschaffen. Daher kann es sein, daß mehrere solcher Prinzipien *formal* nicht klar aufeinander abgestellt sind, so daß der Interpret aus dem dahinter steckenden Wertsystem der Verfassung selbst, nicht aber durch Wortauslegung, Unklarheiten beseitigen muß. Die Erforschung des Sinnes der positivrechtlichen Formulierung, also die Erfassung des *politischen* Gehalts der Bestimmung, den die Verfassung herausstellen will und nun formuliert [5], ist die entscheidende Aufgabe. Umgekehrt also wie *Ernst Forsthoff* [6] meine ich, daß das Wertsystem geradezu der wichtigste Faktor bei Auslegung von Verfassungs- insbesondere Grundrechtsbestimmungen ist und daher nicht außerhalb juristischer Interpretation liegen kann. Nicht vernichtet sich die Jurisprudenz – wie Forsthoff meint –, wenn sie sich bei Auslegung von juristischen Normen in eine geistige Dimension erhebt, die außergesetzliche Faktoren berücksichtigt, sondern umgekehrt schiene es mir die Bankerotterklärung der Staatsrechtswissenschaft zu bedeuten, wenn sie sich unter Außerachtlassung

[3] Welche Problematik in der heutigen *faktischen* Ausbildung der Juristen liegt, ist allen klar, auch wenn über die Mittel zur Abhilfe die Meinungen weit auseinandergehen; vgl. dazu z. B. Nr. 2 der Veröffentlichungen des Arbeitskreises für Fragen der Juristenausbildung e. V.: „Die Ausbildung der Deutschen Juristen", Tübingen 1960, dazu aus vielen *Ferid* i. Jur. Zt. 1961, S. 318.

[4] Am 6. Oktober 1961 hat die Vereinigung der *Deutschen Staatsrechtslehrer* (vgl. Heft 20 der Veröffentlichungen dieser Vereinigung, 1963) dieses Thema als Verhandlungsgegenstand aufgenommen.

[5] Vgl. *Carl Schmitt,* Verfassungslehre 1928, S. 23: „Vor jeder Normierung liegt eine grundlegende politische Entscheidung".

[6] Vgl. *E. Forsthoff,* Die Umbildung des Verfassungsgesetzes in Festschrift für Carl Schmitt, 1959, S. 40 ff. Hier wird insbesondere gegen *Rudolf Smend* polemisiert, der in seinem bedeutenden Werk: Verfassung und Verfassungsrecht (1928, S. 161 ff.) das Wesen der Grundrechte durchaus richtig erfaßt hatte; sie liegen nach ihm auf ganz anderer Ebene als das spezielle Verwaltungsrecht, sind eben *Verfassungs*recht und wollen nicht nur den Grundsatz von der Gesetzmäßigkeit der Verwaltung spezialisieren.

des der Verfassung zugrunde liegenden Wertsystems darauf beschränkte, Gesetzesauslegung nur als „die Ermittlung der richtigen Subsumtion im Sinne des syllogistischen Schlusses“ [7] aufzufassen. Gerade in einer solchen verengten Gesetzesinterpretation scheinen mir die Fehler zu liegen, die heute speziell bei der Auslegung der Grundrechtsvorschriften zu so vielen, den unbefangenen Laien und Politiker überraschenden Fehlschlüssen führen [8]. Gerade auch unter diesen Aspekten die höchstrichterliche Rechtsprechung zu untersuchen, scheint mir daher vonnöten, wenn wir noch den im Grundrechtssystem des Grundgesetzes enthaltenen wertgebundenen Gedankeninhalt retten wollen.

Endlich sollen aber meine Darlegungen an eine unter anderen Gesichtspunkten in der Arbeitsgemeinschaft für Forschung des Landes Nordrhein-Westfalen durchgeführte Untersuchung von *Westermann* [9] anknüpfen, der sich vor einigen Jahren in diesem Kreise mit dem Begriff der „Persönlichkeit im Zivilrecht“ auseinandergesetzt hat. Damals fiel das Wort, daß das Recht „einen Mantel um die Person zieht, die sich zur Persönlichkeit entfalten will“ [10]. *Scheuner* [11] unterstrich die Schranken, die der Ausweitung der Persönlichkeit im öffentlichen Recht vorgezeichnet sind, und wies auf die Bedeutung der Einbettung des Persönlichkeitsschutzes in das soziale Gesamtgefüge hin, wobei ihm der Referent *Westermann* im Schlußwort weitgehend beitrat. Angesichts dieser Erörterungen scheint mir eine kritische Untersuchung der Auslegung und Konsequenzen höchstrichterlicher Rechtsprechung zu Art. 2 Abs. 1 GG durchaus der Erörterung wert. Daß dabei die Rechtsprechung des Bundesverfassungsgerichts am ausführlichsten zu behandeln sein wird, liegt in der Natur der Sache, weil sich dieses Gericht von Amts wegen gerade mit der Verfassungsauslegung zu befassen hat [12].

[7] *Forsthoff*, a. a. O., S. 41.

[8] Vgl. z. B. die seit 1949 entwickelte, m. E. unhaltbare Auslegung des Art. 12 Abs. 1 GG, dazu *H. Peters*, Die Zulassung von Hypothekenbanken. Gedrucktes Gutachten, 1959, S. 35 ff.

[9] *Harry Westermann*, Person und Persönlichkeit im Zivilrecht. Heft 47, Reihe Geisteswissenschaften der Arbeitsgemeinschaft für Forschung, 1957. Auf S. 18 deutet *Westermann* auf den Versuch des Gesetzgebers hin, den Persönlichkeitsbegriff von dem der Person in Art. 2 Abs. 1 GG zu sondern.

[10] A. a. O., S. 54.

[11] A. a. O., S. 33 ff.

[12] Erst nachdem dieser Vortrag gehalten (21. Juni 1961) und abgeschlossen war, kurz vor der Drucklegung erschien im Jahre 1962 die wohl bedeutendste literarische Spezialarbeit zu dem hier in Rede stehenden Recht auf freie Entfaltung der Persönlichkeit: *H. C. Nipperdey*, Freie Entfaltung der Persönlichkeit i. Bettermann-Nipperdey, Die Grundrechte, 4. Bd. 2. Halbbd., 1962, S. 742–909. Die Themenstellung meines – im Umfang auf

Im Mittelpunkt meiner Darlegungen steht Art. 2 Abs. 1 GG, der folgenden Wortlaut hat:

„Jeder hat das Recht auf die freie Entfaltung seiner Persönlichkeit, soweit er nicht die Rechte anderer verletzt und nicht gegen die verfassungsmäßige Ordnung oder das Sittengesetz verstößt."

Da ich mich vor Jahren [13], noch ehe von einer höchstrichterlichen Rechtsprechung die Rede sein konnte, mit der Auslegung dieses Artikels befaßt habe, muß auch ich meine damalige Auffassung kontrollieren, weil die Rechtsprechung teilweise andere Wege gegangen ist. So sind es also verschiedene Gründe, aus denen sich die Behandlung meines Themas in diesem Kreise rechtfertigen läßt und vielleicht auch für die Staatsrechtswissenschaft lohnt.

II. Die bindende Wirkung der Entscheidungen des Bundesverfassungsgerichts

Treten wir gleich in die Behandlung der Rechtsprechung ein, indem am ausführlichsten am Beginn die wichtigste Entscheidung erörtert werden möge, welche größten Einfluß auf Rechtsprechung und Praxis ausgeübt hat und von dort vielfach ziemlich kritiklos übernommen worden ist; es ist die Ent-

die Kritik der Rechtsprechung beschränkten – Vortrags und die Gesamtdarstellung Nipperdeys sind verschieden; immerhin halte ich es für notwendig, wenigstens in einigen Anmerkungen – deren Inhalt damals im Vortrag nicht berücksichtigt werden konnte – auf Nipperdeys Ausführungen wenigstens summarisch einzugehen. In einigen Fällen konnte auch durch einen Hinweis auf Nipperdey's Anmerkungen die für einen Vortrag immer etwas mißliche größere Literaturzusammenstellung nachträglich verkürzt werden. In der Sache *stimme ich* mit *Nipperdey* dahin überein, daß Art. 2 Abs. 1 GG einen richtungweisenden Obersatz, einen Freiheitsrechtsleitsatz, ein „Muttergrundrecht" enthält, also sowohl ein Grundrecht darstellt als auch eine besondere Wichtigkeit im Grundrechtssystem dokumentiert. *Nicht kann ich Nipperdey folgen:* a) hinsichtlich der von ihm begründeten Theorie von der Drittwirkung der Grundrechte, wenngleich ich hier *im Ergebnis* mit ihm weithin übereinstimme, insofern als grundlegende Verstöße in der Privatrechtssphäre gegen Grundrechte zugleich einen Verstoß gegen die guten Sitten darstellen, b) hinsichtlich seiner Ablehnung der von mir unten vertretenen Persönlichkeitskerntheorie; er steht dabei auf dem Standpunkt des Bundesverfassungsgerichts; doch macht er dessen fehlerhafte Auslegung des Begriffs „verfassungsmäßige Ordnung" nicht mit, ohne freilich hierbei zu letzter Eindeutigkeit vorzudringen.

[13] Vgl. *H. Peters*, „Die freie Entfaltung der Persönlichkeit als Verfassungsziel" i. Gegenwartsprobleme des internationalen Rechts und der Rechtsphilosophie. Festschrift für Rudolf Laun, 1953, S. 669 ff.

scheidung des Bundesverfassungsgerichts (Erster Senat) vom 16. Januar 1957 [14]. Der Tenor des Urteils lautet: „Die Verfassungsbeschwerde wird zurückgewiesen." Da nach § 31 des Gesetzes über das Bundesverfassungsgericht vom 12. März 1951 (BVerfGG) – die späteren Änderungen interessieren hier nicht – „die Entscheidung des Bundesverfassungsgerichts . . . die Verfassungsorgane des Bundes und der Länder sowie alle Gerichte und Behörden" bindet, ist hier noch vorweg die Frage zu erörtern, inwieweit die gleich zu besprechende Entscheidung überhaupt noch für eine rechtlich relevante Erörterung Raum läßt. Auch in der Auslegung dieses § 31 sind die Juristen wieder uneinig [15]. Daß die Bindung unmöglich auf den formalen Urteilstenor beschränkt sein kann, zeigt gerade unser Fall. Die übliche Wirkung von Gerichtsurteilen *aller* Gerichte wird als Rechtskraft bezeichnet. Dabei bedeutet *formelle Rechtskraft* eines Urteils, daß es mit Rechtsmitteln nicht mehr anfechtbar, also endgültig ist. Daneben steht als nicht minder wichtig die *materielle Rechtskraft,* die gleichfalls – wie die formelle – dem in Rede stehenden Urteil eigen ist. Sie bedeutet, daß der sachliche Inhalt des Urteilstenors *für die streitenden Parteien* materiell als Recht gilt. § 31 BVerfGG geht aber zumindest insofern darüber hinaus, als nicht nur die Parteien des Rechtsstreits, sondern alle Verfassungsorgane, Behörden und Gerichte durch das Urteil gebunden sein sollen, so daß man nicht an dem Urteil mit dem Hinweis vorbeigehen kann, man sei an dem betreffenden Prozeß nicht beteiligt gewesen. Aus dem Satz: „Die Verfassungsbeschwerde wird zurückgewiesen" ist überhaupt nichts zu entnehmen, wenn man nicht aus der Begründung des Urteils den eigentlichen sachlichen Inhalt des Tenors zu gewinnen sucht. Daher muß mindestens aus den Gründen des Urteils der Sinn des Urteilsspruchs ergänzt werden. Das bedeutet m. E. im vorliegenden Falle: „Daß dem N., der bei der Paßbehörde in Mönchengladbach die Verlängerung eines Reisepasses beantragt hatte, um am Kongreß der Völker für den Frieden vom 12. bis 19. Dezember 1952 in Wien teilnehmen zu können, die Verlängerung des Reisepasses abgelehnt wurde, ist gerechtfertigt; deshalb wird seine Verfassungsbeschwerde abgewiesen." So etwa wäre der Sinn des Urteilstenors, der in Rechtskraft erwächst, zu deuten. Obwohl die notwendige Erläuterung des Urteilstenors, um diesen für Dritte verständlich zu machen, aus den Gründen entnom-

[14] Amtl. Entsch. Bd. 6, S. 32 ff.

[15] Vgl. die Darstellung dieses Problems bei *H. Peters,* Die Rechtslage von Rundfunk und Fernsehen nach dem Urteil des Bundesverfassungsgerichts vom 28. Februar 1961, S. 6 ff; diesem sind die folgende Sätze entnommen.

men wird, kann man damit nicht etwa sagen, in vielen Fällen erstrecke sich die Rechtskraft auf einen Teil der Urteils*gründe;* vielmehr wird nur der Sinn des Urteilstenors aus der Begründung ergänzt, während die Argumentation der Begründung für die Rechtskraft irrelevant bleibt.

Die juristischen Streitfragen beginnen erst, ob das Urteil *darüber hinaus* eine Bindung für alle öffentlichen Dienststellen enthält, ob also auch die „tragenden Urteilsgründe" unter die in § 31 BVerfGG vorgeschriebene Bindung fallen. Die beiden Kommentatoren des Bundesverfassungsgerichtsgesetzes, in etwa *Lechner*[16] und ganz deutlich *Geiger*[17], wollen die Bindung auf die tragenden Urteilsgründe ausgedehnt wissen. *Geiger* begründet diese Ansicht damit, daß gewisse Sätze der Begründung in einem derart engen, inneren denknotwendigen Zusammenhang stehen, daß der Tenor nicht aufrechterhalten werden kann, wenn einer dieser Sätze aufgegeben wird. M. E. stimmt das nicht, da man nicht selten zum gleichen Resultat auch mit *anderen* Begründungen kommen kann. Das zweite Argument für *Geigers* These trifft den Kern eines Bedenkens gegen die Art, wie das Bundesverfassungsgericht manchmal selbst seine Rechtsprechung wertet: Es sei die Funktion dieses Gerichts, „Meinungsverschiedenheiten über die Auslegung des GG möglichst endgültig und möglichst rasch für die Zukunft auszuräumen und auf diese Weise politischen Streitstoff aus der Welt zu schaffen". Die Folge dieser Auffassung ist eine Urteilspraxis, die oft zu Ausführungen über den eigentlichen Streitstoff hinaus verleitet und dann viel zu früh Thesen aufstellt, die noch längst nicht wissenschaftlich unterbaut sind und deshalb – wie sowohl das Fernsehurteil vom 28. 2. 1961 als auch das hier in Rede stehende Urteil vom 16. 1. 1957 beweisen – überaus anfechtbare, manchmal überhaupt unhaltbare, jedenfalls unzureichend begründete Behauptungen von großer Tragweite enthalten. Was *Geiger* als besonderen Vorteil, sogar als erstrebenswertes Ziel der Rechtsprechung des Bundesverfassungsgerichts preist, ist in Wahrheit ein Nachteil und eine Festlegung auf Sätze, deren begrenzte Geltung oder gar Unhaltbarkeit auch für das Gericht eines Tages, wenn es nach Geigers Theorie zu spät ist, erkennbar werden dürfte und dann unnötigerweise eine sachgemäße Korrektur unnötig erschwert. In Wirklichkeit sprechen daher gerade Gründe der Politik wie einer gesicherten Rechtsauslegung *gegen Geigers* Ansicht.

[16] Vgl. *Hans Lechner,* Bundesverfassungsgerichtsgesetz 1954, S. 180: „Die Bindung erstreckt sich „auf Tenor und ihn unmittelbar tragende Gründe". Vgl. auch *Scheuner* i. DV Bl. 1962, S. 613, 627.

[17] *Geiger,* Gesetz über das Bundesverfassungsgericht 1952, S. 114 f.

Lechner formuliert die Ausdehnung der Bindungswirkung der Urteilsgründe zurückhaltender und läßt noch Raum für die gegenteilige Meinung.

Unter diesen Umständen ist es auch nicht verwunderlich, daß diese Ansicht beachtlichen Widerspruch erfahren hat, der insbesondere vom Bundesgerichtshof [18] getragen und von zahlreichen Autoren [19] weiter begründet wird. In ganz anderem Zusammenhang, bezüglich eines hart umstrittenen, von mir für richtig gehaltenen Urteils des Bundesverfassungsgerichts habe ich [20] mich schon damals (1954) zu der Auffassung bekannt, daß die Bindung streng auf den Urteilstenor zu beschränken und nur bei abweisenden Entscheidungen, soweit es zum Verständnis nötig ist, aus den Urteilsgründen zu erläutern sei. Nur damit können vorzeitige Festlegungen vermieden, kann die Beweglichkeit der Auslegung erhalten und kann einer gesunden Rechtsentwicklung freie Bahn gelassen werden, die sonst durch die Tendenz des Bundesverfassungsgerichts, vom Falle abliegende lehrbuchartige Erläuterungen abzugeben, allzu stark eingeengt wird. Nur wenn man dieser von mir vertretenen Ansicht folgt, braucht man solche Thesen, wie sie in der amtlichen Sammlung offenbar als „tragende Gründe" der Entscheidung vorangestellt sind, *nicht als bindend* anzusehen, hier nämlich, daß „die Ausreisefreiheit als Ausfluß der allgemeinen Handlungsfreiheit durch Art. 2 Abs. 1 GG innerhalb der Schranken der verfassungsmäßigen Ordnung gewährleistet" sei; oder daß „verfassungsmäßige Ordnung im Sinne des Art. 2 Abs. 1 GG die verfassungsmäßige Rechtsordnung sei, d. h. die Gesamtheit der Normen, die formell und materiell der Verfassung gemäß sind". Dabei ist es noch nicht einmal eine ausgemachte Sache, ob wirklich *nur* die zufällig der amtlichen Veröffentlichung der Entscheidung vorangestellten Thesen die „tragenden Gründe" des Urteils sind; man wird in manchen Fällen wohl noch weitere „tragende Gründe" aus der Entscheidung selbst herausziehen müssen. Damit aber wird zweifelhaft und unter den Juristen umstritten sein, was aus einem Urteil „tragender Grund" ist und was demgemäß die Verfassungsorgane von Bund und Ländern sowie alle Behörden und Gerichte bindet. Diese Unklarheit in einer so wichtigen Angelegenheit ist aber das Schlimmste und muß unbedingt vermieden werden. Statt der von *Geiger* [21] hervorgehobenen Notwendigkeit, „Meinungsverschiedenheiten über

[18] Vgl. BGH. E. ZivS. Bd. 13, S. 265, JZ (= Juristenzeitung) 1954, S. 489 ff.

[19] Vgl. z. B. *Arndt*, DVerwBl. 1952, S. 2, *Hans Schneider* ebendort 1954, S. 184, *Bachof*, Neue Juristische Wochenschrift 1954, S. 510, *Baring*, ZBR 1954, S. 65.

[20] Vgl. *Peters* i. JZ 1954, S. 589 ff.

[21] A. a. O., S. 114.

die Auslegung des GG möglichst endgültig... auszuräumen", tritt das Gegenteil ein: nämlich größere Unklarheit als zuvor.

Nur auf der Basis der der *Geiger*'schen entgegengesetzten Auffassung ist es daher allein möglich, zu exakten Ergebnissen vorzudringen und überhaupt die in der Begründung des in Rede stehenden Urteils aufgestellten Behauptungen kritisch zu erörtern. Nur so kann man heute noch einen einmal vorgekommenen Interpretationsfehler des Bundesverfassungsgerichts durch wissenschaftliche Diskussion und durch Neuaufrollung ähnlicher Fälle korrigieren. Nur dann hat es überhaupt noch Sinn, einer besseren Auslegung des Art. 2 Abs. 1 GG das Wort zu reden und auf die schließliche Durchsetzung der richtigen Auslegung – entgegen den Behauptungen des Bundesverfassungsgerichts und der damit zur Herrschaft gebrachten Lehre – zu hoffen. Diese Erwartungen darf man freilich nicht allzu hoch spannen, weil der Präjudizienkult unserer Gerichte und die Autoritätsgläubigkeit gegenüber gedruckten richterlichen Urteilsbegründungen – auch bei noch so guter Begründung der Gegenmeinung – meist den Sieg davon trägt [22]. Bei aller Hochachtung vor dem Bundesverfassungsgericht kann ihm – schon aus Gründen der Gewaltenteilung – nicht das Recht zugebilligt werden, mit einer einem formellen Verfassungsgesetz geradezu gleichwertigen Kraft *über den Einzelfall hinaus* alle Stellen bindende, also normative Entscheidungen zu treffen, die in der Tat nicht selten eine Abänderung des Grundgesetzes mittels der Auslegung bedeuten. Bei der Normenkontrolle, wo dann dieser normative Ausspruch klipp und klar im Gesetzestenor steht, mag das noch angehen und ist dort auch rechtens [23]; aber den umfangreichen Entscheidungs*gründen,* die nicht einmal völlig klar ihren „tragenden" Charakter erkennen lassen, solch normative Wirkung zuzubilligen, scheint mir unmöglich. Wie bei der Rechtskraft kann die hier ausnahmsweise über die Streitparteien hinausreichende Wirkung – und darin liegt die Besonderheit des § 31 Abs. 1 BVGG – sich *nur* auf den *Urteilstenor* erstrecken.

[22] Man vergleiche, mit welcher Selbstverständlichkeit seitdem nachgeordnete Länderverwaltungsgerichte – meist ohne nähere Begründung – in jüngerer Zeit die Auffassung des BVerfGerichts übernommen haben. Erst *Nipperdey* (i. Bettermann-Nipperdey, Die Grundrechte Bd. 4, Halbbd. 2, 1962, S. 788 ff.) bringt eine fundierte Widerlegung der Auslegung des Begriffs „verfassungsmäßige Ordnung" des BVerfassungsgerichts, so daß nun zu hoffen ist, daß andere hohe Gerichte, eingedenk ihrer selbständigen Entscheidungfreiheit, wohl Bedenken bekommen werden, die Auffassung des Bundesverfassungsgerichts einfach weiterhin zu übernehmen.

[23] Vgl. §§ 78, 31, Abs. 2 BVerfGG.

III. Kritische Auseinandersetzung mit dem Urteil des Bundesverfassungsgerichts vom 16. Januar 1957

Erst nachdem mit den bisherigen Darlegungen die Basis dafür gewonnen ist, daß eine *kritische Auseinandersetzung mit dem Urteil des Bundesverfassungsgerichts vom 16. Januar 1957* als dem wichtigsten zu Art. 2 Abs. 1 GG ergangenen nicht von vorneherein praktisch zwecklos ist, soll diese Entscheidung in der dort vertretenen Auslegung der genannten Vorschrift nunmehr untersucht werden. Wie bereits dargelegt, handelt es sich tatbestandsmäßig darum, daß einer bekannten Persönlichkeit, einem Vorstandsmitglied der alten Zentrumspartei, nach 1945 Oberbürgermeister einer rheinischen Stadt, der danach führend im „Bund der Deutschen", also einer die Politik der Bundesregierung besonders im Hinblick auf die Wehrpolitik und Wiedervereinigung bekämpfenden Organisation, tätig war, im Jahre 1953 von der Paßbehörde der Stadt Mönchengladbach die Verlängerung seines Reisepasses unter Hinweis auf § 7 Abs. 1 des Paßgesetzes vom 4. März 1952 verweigert worden war. Nach der zit. Vorschrift ist der Paß zu versagen, „wenn Tatsachen die Annahme rechtfertigen, daß der Antragsteller als Inhaber eines Passes die innere oder äußere Sicherheit oder sonstige erhebliche Belange der Bundesrepublik Deutschland oder eines deutschen Landes gefährdet". Der Antragsteller hatte im vorangehenden Jahre am Kongreß der Völker für den Frieden in Wien teilgenommen und in Wien eine dort verfaßte „Gesamtdeutsche Erklärung" verlesen. Auch seine Teilnahme an ähnlichen Veranstaltungen in Paris, Budapest und Ostberlin fiel für die Ablehnung der Paßverlängerung ins Gewicht. Klage, Berufung und Revision des Betroffenen blieben in sämtlichen drei Instanzen der Verwaltungsgerichtsbarkeit erfolglos. Gegen das rechtskräftige Urteil des Bundesverwaltungsgerichts legte er nun nach § 90 BVerfGG die Verfassungsbeschwerde ein, mit der er u. a. eine Verletzung des Art. 2 GG, nämlich seines Rechts auf freie Entfaltung der Persönlichkeit, behauptete. Nur soweit es um dieses Argument geht – nicht um die Fragen der Gleichbehandlung aller Staatsbürger, der Freizügigkeit [24], der Meinungsfreiheit usw. –, interessiert das Urteil in diesem Zusammenhang. Daß die Ver-

[24] Das Recht auf freie Ausreise fällt nach dem Urteil (Bd 6, S. 35 f.) nicht unter die in Art. 11 GG garantierte Freizügigkeit. Nach der einen Ansicht würde dieser die Entscheidung tragende Grund alle Dienststellen für alle späteren Fälle binden. Ich halte zwar diesen Satz für richtig, nehme aber *nicht* diese weitgehende Bindung bezüglich des Art. 11 für Gerichte und Behörden an.

fassungsbeschwerde im Ergebnis zurückgewiesen wurde, wurde oben bereits erwähnt.

In den Entscheidungsgründen stellt sich das Bundesverfassungsgericht nun eindeutig auf den Standpunkt, daß der Begriff der freien Entfaltung der Persönlichkeit „die menschliche Handlungsfreiheit in weitestem Sinne" umfaßt und rückt von der Ansicht ab, daß „Art. 2 Abs. 1 GG sich auf den Schutz eines Mindestmaßes dieser Handlungsfreiheit beschränke, ohne daß der Mensch seine Wesensanlage als geistig-sittliche Person überhaupt nicht entfalten kann" [25]. In vorhergegangenen Urteilen [26] hatte das Bundesverfassungsgericht die Antwort noch dahingestellt gelassen, also beide Auslegungen als möglich anerkannt [27]. Da es hier um den Kernpunkt der Problematik geht, muß die Begründung des Gerichts für seine Interpretation etwas ausführlicher wiedergegeben werden. Das ist um so wichtiger, als dieses Urteil weithin zum Orientierungspunkt für andere Gerichte geworden ist, gleichviel, ob diese dabei nur der Autorität des Bundesverfassungsgerichts folgen oder ob sie gar – irrigerweise – glauben, daß sie kraft Gesetzes an die Interpretation des Bundesverfassungsgerichts gebunden seien.

Das Bundesverfassungsgericht ist der Auffassung, das Grundgesetz könne mit der freien Entfaltung der Persönlichkeit nicht nur die Entfaltung innerhalb jenes Kernbereichs der Persönlichkeit gemeint haben, der das Wesen des Menschen als geistig-sittliche Person ausmacht; denn es wäre nicht verständlich, wie die Entfaltung innerhalb dieses Kernbereichs gegen das Sittengesetz, die Rechte anderer oder sogar gegen die verfassungsmäßige Ordnung einer freiheitlichen Demokratie sollte verstoßen können. Auf dieser m. E. unrichtigen Vorstellung, die ich mit dem späteren krassen Beispiel des Kannibalismus widerlegen könnte, also auf falscher Voraussetzung, beruht nun die weitere Entwicklung der Gedanken. Aus den dem Individuum als Glied der Gemeinschaft auferlegten Beschränkungen wird nämlich gefolgert, daß das Grundgesetz in Art. 2 Abs. 1 GG nur die Handlungs-

[25] Vgl. BVerfG E Bd. 6, S. 36 ff.

[26] Vgl. zuletzt vorher BVerfG E. Bd. 4, S. 15 f.

[27] Freilich kommt das BVerfG E. Bd. 10, S. 59 in einem Urteil v. 14. Juli 1959 nochmals in einem Schlenker auf die andere Interpretation, die mit seiner sonst so gefestigten Meinung in Widerspruch steht, zurück, wenn es dort – richtig – sagt, daß die Verwendung eines nicht gekörten männlichen Tieres zum Decken verboten werden darf, weil mit einer solchen, der Entscheidungsfreiheit des Züchters sonst noch weiter Raum lassenden Vorschrift der „Kernbereich der menschlichen Persönlichkeit nicht berührt", sondern nur die wirtschaftliche Betätigungsfreiheit beschränkt wird. Das aber ist genau *meine* Ansicht, der das BVerfG. in den vorangegangenen und späteren unten erörterten Entscheidungen so eindeutig entgegentritt.

freiheit im umfassenden Sinne meinen könne. Zwar anerkennt das Gericht, daß Stellung und Formulierung des genannten Artikels der Anlaß waren, ihn im Zusammenhang und Lichte des Artikels 1, nämlich der Unverletzlichkeit der Menschenwürde, zu sehen und daraus abzuleiten, daß er mit dazu bestimmt sei, das Menschenbild des Grundgesetzes zu zeichnen. Damit sei jedoch nichts anderes gesagt, als daß Art. 1 in der Tat zu den tragenden Konstitutionsprinzipien gehört, die – wie alle Bestimmungen des Grundgesetzes – auch Art. 2 Abs. 1 beherrschen. Dieser letztgenannte Artikel sei jedoch, rechtlich gesehen, ein selbständiges Grundrecht, das die allgemeine menschliche Handlungsfreiheit gewährleistet. Es seien lediglich sprachliche Gründe gewesen, die den Gesetzgeber bewogen haben, die ursprüngliche Fassung des Herrenchiemseer Entwurfs und der folgenden Änderungsanträge „Jeder kann tun, was er will" durch die jetzige Fassung zu ersetzen. Nebenbei bemerkt hat (trotz des Zitats von v. Mangoldt) dieser Wortlaut aber nicht im Herrenchiemseer Entwurf gestanden, vielmehr hieß es dort in Art. 2 „Alle Menschen sind frei. Jedermann hat die Freiheit, innerhalb der Schranken der Rechtsordnung und der guten Sitten alles zu tun, was anderen nicht schadet". v. Mangoldt erklärt im übrigen in seinem Kommentar, daß die Fassung des Art. 2 in mehrfacher Hinsicht die Abkehr vom reinen Liberalismus beabsichtige. Der vom Bundesverfassungsgericht zitierte Satz wäre aber krasser Liberalismus und ist auch, trotz des Zitats aus der 42. Sitzung des Hauptausschusses, nach Ansicht v. Mangoldts deshalb nicht in das Grundgesetz übernommen worden. Insofern irrt das Bundesverfassungsgericht nicht nur in der Voraussetzung, sondern auch in der Weiterführung seines Gedankengangs [28].

In der folgenden Ausführung seines Urteils glaubt das Bundesverfassungsgericht, daß bloße Zweckmäßigkeit, nämlich um eine möglichst geschlossene Interpretation des Grundgesetzes zu erreichen, der Grund für die vertretene Gegenmeinung sei, wonach Art. 2 Abs. 1 nur den Kernbereich der Persönlichkeit habe schützen wollen. Gewiß rechtfertigt das vom Bundesverfassungsgericht selbst zugunsten der Gegenansicht vorgetragene Argument das letztere formell auch, aber eben doch nur formell. Hören wir, was es sagt: In dem Bestreben, den Begriff der verfassungsmäßigen Ordnung, der die freiheitliche Entfaltung der Persönlichkeit einschränkt und der auch an anderer Stelle des Grundgesetzes vorkommt, überall in derselben Weise auszulegen, sei die Gegenmeinung schließlich dazu gelangt, „in der ver-

[28] *Nipperdey*, a. a. O., S. 774, sucht diese Ansicht gleichfalls auf die – m. E. wenig eindeutige – Entstehungsgeschichte zu stützen.

fassungsmäßigen Ordnung einen gegenüber der verfassungsmäßigen Rechtsordnung engeren Begriff zu erblicken". Dadurch sei man zu dem Rückschluß gezwungen worden, es sollte dann auch nur ein Kernbereich der Persönlichkeit, nicht aber die Handlungsfreiheit des Menschen, verfassungsrechtlich geschützt werden. Daß die Lage in Wirklichkeit genau umgekehrt ist, daß man nämlich durch die vom Gericht bekämpfte Auslegung des Begriffs der freiheitlichen Entfaltung der Persönlichkeit überhaupt nicht in die Zwangslage des Bundesverfassungsgerichts versetzt wird, nunmehr die verfassungsmäßige Ordnung auf die gesamte Rechtsordnung auszudehnen, sieht das Bundesverfassungsgericht nicht ein. Das Gericht vertritt demgemäß die Ansicht, daß es sich bei Art. 2 Abs. 1 um eine generelle Sicherung der Freiheit handele. Für bestimmte Lebensbereiche, die nach den geschichtlichen Erfahrungen dem Zugriff der öffentlichen Gewalt besonders ausgesetzt sind, seien dann zusätzlich noch besondere Grundrechtsbestimmungen in Spezialvorschriften erlassen worden; bei diesen habe das Grundgesetz die Freiheit menschlicher Bestätigung durch abgestufte Gesetze vorbehaltlich abgegrenzt, aus denen sich ergibt, in welchem Umfang in den jeweiligen Grundrechtsbereich staatlicherseits eingegriffen werden darf. Diese Sonderbereiche sind demnach stärker geschützt als das Recht auf freie Entfaltung der Persönlichkeit; ihre Spezialregelung schließt nach dem Satze: lex specialis derogat legi generali die Anwendung des Art. 2 Abs. 1 GG aus. Soweit das Bundesverfassungsgericht.

Schon im vorhergehenden wurde gezeigt, daß die freie Entfaltung der Persönlichkeit nach Ansicht des Bundesverfassungsgerichts als allgemeine Handlungsfreiheit gewährleistet wird. Soweit nicht Rechte anderer verletzt werden oder gegen das Sittengesetz verstoßen wird, bleibt diese Handlungsfreiheit nur an die verfassungsmäßige Ordnung gebunden. Nun kommt der nächste bedeutsame Gedankensprung [29]: „verfassungsmäßige Ordnung" könne nur als die allgemeine Rechtsordnung verstanden werden, die die materiellen und formellen Normen der Verfassung zu beachten habe, insofern daher eine „verfassungsmäßige Rechtsordnung" sein müsse. Sie sei also die der Verfassung gemäße oder die gemäß der Verfassung aufgebaute und im Rahmen der Verfassung sich haltende Rechtsordnung.

Das naheliegende Gegenargument, daß nämlich „verfassungsmäßige Ordnung" in anderen Bestimmungen des Grundgesetzes unzweifelhaft etwas anderes bedeute, die gleichen Worte aber überall denselben Inhalt haben müßten,

[29] *Nipperdey* (a. a. O., S. 788 ff.) hat die Fehlerhaftigkeit der Darlegungen des Bundesverfassungsgerichts zu diesem Punkte zutreffend ausführlich nachgewiesen.

sucht das Bundesverfassungsgericht zu widerlegen, indem es meint, die Auslegung von Worten hänge „vielmehr von der Funktion ab, die der Begriff innerhalb der jeweiligen Norm zu erfüllen hat". Daraus erhelle, daß der Umfang des jeweils die verfassungsmäßige Ordnung darstellenden Normenkomplexes, dem diese Bindungswirkung zukommt, nicht für jeden der – unter sich ganz ungleichartigen – Normadressaten der gleiche sein kann. Danach soll anscheinend die Meinung falsch sein, das Grundgesetz richte sich an *alle* deutschen Bürger, nicht bloß mit den jeweiligen Bestimmungen an Interessenten oder einzelne Bundesorgane. Deshalb erscheint auch folgender Satz nicht einleuchtend: Während also z. B. sicherlich der Gesetzgeber an die Verfassung schlechthin gebunden ist (Art. 20 Abs. 3 GG), kann es in anderem Zusammenhang – z. B. in Art. 9 GG, § 90a StGB – geboten sein, den Begriff „verfassungsmäßige Ordnung" auf gewisse elementare Grundsätze der Verfassung zu beschränken; ... der Bürger aber wird in seiner allgemeinen Handlungsfreiheit legitim eingeschränkt nicht nur durch die Verfassung oder gar durch „elementare Verfassungsgrundsätze", sondern durch jede formell und materiell verfassungsmäßige Rechtsnorm.

Das Bundesverfassungsgericht glaubt seine Ansicht aus der Entstehungsgeschichte des Art. 2 Abs. 1 bestätigt [30]. Es würde zu weit führen, angesichts der verschiedenen Formulierungen vom Herrenchiemsee-Entwurf über die jeweiligen Fassungen bis zur endgültigen Festsetzung die wechselvollen Formulierungen, Trennungen und Zusammenfassungen des Art. 2 im Grundsatzausschuß, im Hauptausschuß und im Redaktionsausschuß des Parlamentarischen Rates zu verfolgen. Aus den verschiedenen Formulierungen kann man sehr viel eher die gegenteilige Auffassung entnehmen. Mir scheint, daß in Wirklichkeit im Ergebnis weder für die eine noch die andere Ansicht aus den Materialien Entscheidendes gewonnen werden kann und daß hier ein typischer Fall der Überschätzung des Wertes der Auslegung aus den Materialien vorliegt. Wahrscheinlich haben die verschiedenen Abgeordneten eine verschiedene Vorstellung von dem Sinn dessen gehabt, was sie in dem Art. 2 formulierten. Daß nicht nur diejenigen, die ihre Erfahrungen aus der nationalsozialistischen Ära veranlaßten, der mit Füßen getretenen freien Entfaltung des Menschentums, die der Kommunismus heute wieder zu vernichten trachtet, die grundlegende Stellung wieder zu sichern, sondern daß auch Persönlichkeiten des liberalen Lagers der Ansicht des Bundesverfassungsgerichts in der Auslegung der Materialien nicht folgen, zeigen die

[30] Daß hier das Bundesverfassungsgericht irrt, hat *Nipperdey* (a. a. O., S. 794 ff.) überzeugend nachgewiesen.

Ausführungen des für diese Erörterungen im Parlamentarischen Rat gewiß sehr bedeutsamen Abgeordneten *Dehler*[31].

Schließlich setzt sich das Bundesverfassungsgericht – allerdings nur sehr kurz – mit einigen Argumenten der Literatur auseinander, ohne freilich mangels genauer Zitate erkennen zu lassen, wie diese Meinungen des einzelnen Schriftstellers begründet werden. Am wichtigsten erscheint mir dabei der gegenüber dem Urteil gemachte Einwand, wonach das Grundrecht des Art. 2 Abs. 1 „leer laufe", sobald es unter den allgemeinen Gesetzesvorbehalt gestellt werde. Im Hinblick auf die stärkeren Beschränkungen der Gesetzgebungsgewalt nach dem Grundgesetz im Vergleich zur Weimarer Reichsverfassung – so meint das Bundesverfassungsgericht – habe das Grundgesetz „eine wertgebundene Ordnung aufgerichtet, die die öffentliche Gewalt begrenzt". Durch diese Ordnung solle die Eigenständigkeit, die Selbstverantwortlichkeit und die Würde des Menschen in der staatlichen Gemeinschaft gesichert werden. Die obersten Prinzipien dieser Wertordnung seien gegen Verfassungsänderungen geschützt (Art. 1, 20, 79 Abs. 3 GG). Verfassungsdurchbrechungen seien ausgeschlossen; die Verfassungsgerichtsbarkeit überwache die Bindung des Gesetzgebers an die Maßstäbe der Verfassung. Gesetze seien nicht schon dann verfassungsmäßig, wenn sie formell ordnungsgemäß ergangen seien; sie müßten vielmehr auch materiell mit den obersten Grundwerten der freiheitlichen demokratischen Grundordung, den ungeschriebenen elementaren Verfassungsgrundsätzen und den Grundentscheidungen des Grundgesetzes, vornehmlich dem Grundsatz der Rechtstaatlichkeit und dem Sozialstaatsprinzip, in Einklang stehen. Die Gesetze dürften daher die Würde des Menschen nicht verletzen, aber auch die geistige, politische und wirtschaftliche Freiheit des Menschen nicht so einschränken, daß diese in ihrem Wesensgehalt angetastet würde. Das ist gewiß alles richtig, begründet aber nicht die Entwertung des Rechts auf freie Persönlichkeitsentfaltung, läßt es vielmehr um so unverständlicher erscheinen, daß das Bundesverfassungsgericht gerade denjenigen Artikel, der auf die Menschenwürde folgt und als „Recht der freien Entfaltung der Persönlichkeit" für jeden unbefangenen Leser einen solchen obersten Wert mit darstellt, nun in seiner Bedeutung entschieden herabsetzt. Es ist nicht einzusehen, warum das Bundesverfassungsgericht bei dieser Wertbetonung des ganzen freiheitlichen Systems des Grundgesetzes ausgerechnet dem Recht auf freie Entfaltung der Persönlichkeit seinen Sonderwert nimmt und

[31] Vgl. *Dehler*, Zur Entstehungsgeschichte des Art. 2 Abs. 1 des Grundgesetzes i. Juristen-Zeitung 1960, S. 727.

ihn durch eine in der Praxis durch die Rechtsordnung oft eingeschränkte allgemeine Handlungsfreiheit entwertet. Gerade die Gegenmeinung, die im Art. 2 Abs. 1 lediglich den Schutz des Kernbereichs der Persönlichkeit und damit den Schutz der wirklichen Wesensart der Person in den Vordergrund rückt, kann eigentlich deren Beschränkung nur durch gewisse elementare Grundsätze der Verfassung, nicht aber durch jedes formell oder materiell verfassungsmäßig zustande gekommene Gesetz ertragen.

Zusammenfassend ist also die Meinung des Bundesverfassungsgerichts dahin festzustellen, daß das Recht auf freie Entfaltung der Persönlichkeit die allgemeine Handlungsfreiheit bedeutet, daß letztere aber durch jedes beliebige, sich im Rahmen des Grundgesetzes haltende Gesetz (formell wie materiell) eingeschränkt werden kann.

IV. Weiterer Ausbau der Interpretation des Art. 2 Abs. 1 durch das Bundesverfassungsgericht

Wie schon verschiedentlich angedeutet, hat nicht nur in den späteren Urteilen, d. h. während der letzten fünf Jahre, das Bundesverfassungsgericht an seiner soeben vorgetragenen *Interpretation des Art. 2 Abs. 1 GG* festgehalten und sie noch *weiter ausgebaut* – das ist nicht verwunderlich –, sondern ein größerer Teil der Rechtsprechung der oberen Bundesgerichte ist gleichfalls auf diese Interpretation eingeschwenkt. Betrachten wir zunächst weitere Urteile des Bundesverfassungsgerichts.

In dem Urteil vom 10. Mai 1957[32], das die Strafvorschriften gegen Homosexualität als nicht gegen das Grundgesetz verstoßend anerkennt, konnte das *Bundesverfassungsgericht* den einfachen Weg gehen – und ist ihn (S. 434) auch gegangen –, bloß festzustellen, daß gleichgeschlechtliche Betätigung eindeutig gegen das Sittengesetz verstößt und demgemäß bei weiter wie bei enger Auslegung des Begriffs der „freien Entfaltung der Persönlichkeit" rechtlich nicht auf Grund des Art. 2 Abs. 1 GG von der Verfassung geschützt sein kann. Homosexuelle Betätigung fällt nicht unter den Schutz des Grundgesetzes, weil das Recht auf freie Entfaltung der Persönlichkeit dort endet, wo sie gegen das Sittengesetz verstößt. Wenn das Bundesverfassungsgericht dagegen die Verfassungsmäßigkeit der §§ 175 ff StGB als Teil der verfassungsmäßigen Ordnung, als gültigen Bestandteil der Rechts-

[32] Vgl. BVerfG E. Bd. 6, S. 389, besonders S. 433 ff.

ordnung, nachzuweisen sucht, so kommt es erst auf einem weit umständlicheren, dazu für andere Fälle gefährlichen Wege zum gleichen Ergebnis.

Mehrere spätere Urteile sind dagegen nur sinnvoll, wenn man mit dem Bundesverfassungsgericht die allgemeine Handlungsfreiheit als im Recht auf freie Entfaltung der Persönlichkeit enthalten sieht. Als besonders wichtig erscheint in diesem Zusammenhang jene Normenkontrollklage, die vom Landgericht Göttingen und vom Bundesverwaltungsgericht zum Verlängerungsgesetz des Preisgesetzes vom 10. April 1948 dem Bundesverfassungsgericht [33] gemäß Art. 100 GG vorgelegt wurde. Letzteres erklärte dabei insbesondere die Ermächtigungen von § 2 PreisG. für verfassungsmäßig und mit Art. 2 Abs. 1 GG für vereinbar. In dieser für unsere Frage wichtigen Entscheidung stellt das Bundesverfassungsgericht zunächst fest, daß Art. 2 Abs. 1 „als Ausfluß der allgemeinen Handlungsfreiheit" auch die Freiheit im wirtschaftlichen Verkehr und die „Vertragsfreiheit" schütze, „soweit sie nicht durch besondere Grundrechtsbestimmungen gewährleistet sind" [34]. Die Handlungsfreiheit im umfassenden Sinne sei jedoch durch Art. 2 Abs. 1 GG nur innerhalb der Schranken der verfassungsmäßigen Ordnung geschützt. Die begrenzte Ermächtigung des § 2 PreisG. sei mit der verfassungsmäßigen Ordnung, die das Gericht wieder als „Rechtsordnung" verstanden wissen will, vereinbar und taste auch nicht den Wesensgehalt der durch Art. 2 Abs. 1 GG gewährleisteten allgemeinen Handlungsfreiheit oder auch nur den der wirtschaftlichen Freiheit oder der Vertragsfreiheit an und verstoße deshalb auch nicht gegen Art. 19 Abs. 2 GG (was zweifellos richtig ist) [35]. Mit dem Hinweis auf den unangreifbaren „Wesensgehalt" des Grundrechts des Art. 2 Abs. 1 kommt das Gericht freilich im Endergebnis auf die von ihm zuvor klar abgelehnte, von mir vertretene Persönlichkeitskerntheorie hinaus. Auch bei voller Ausschöpfung der Ermächtigung des § 2 PreisG. werde – so meint das Bundesverfassungsgericht – die wirtschaftliche Freiheit des einzelnen Staatsbürgers nicht derart beeinträchtigt, daß der der Einwirkung der öffentlichen Gewalt vorbehaltene letzte Bereich menschlicher Freiheit, die Eigenständigkeit oder die Würde der Person, angetastet wäre [36]. Ich selbst würde aus diesen letztgenannten Argumenten schließen, daß hier deshalb „die freie Entfaltung der Persönlichkeit" durch § 2 PreisG. überhaupt

[33] Vgl. BVerfG E. Bd. 8, S. 327 ff.

[34] A. a. O., S. 328.

[35] Hier unterläuft dem BVerfG insofern ein Fehler, als Art. 19 Abs. 2 GG überhaupt nur dort in Betracht kommt, wo ein Grundrecht durch ein Vorbehaltsgesetz begrenzt ist, was aber in Art. 2 Abs. 1 nicht der Fall ist.

[36] Vgl. auch BVerfG E. Bd. 4, S. 16.

nicht berührt werde; das Bundesverfassungsgericht kommt mit seiner von der allgemeinen Handlungsfreiheit ausgehenden Deduktion wiederum, wie betont, aber auf *komplizierterem* Wege zum richtigen Ergebnis. Daß aber die Frage dem Bundesverwaltungsgericht[37] und dem Landgericht Göttingen[38] überhaupt zweifelhaft sein konnte, beruht auf der von diesen Gerichten aus der Rechtsprechung des Bundesverfassungsgerichts übernommenen weiten Auslegung des Begriffes der „freien Entfaltung der Persönlichkeit". Immerhin ist die im Ergebnis die weite Auslegung einschränkende These des Bundesverfassungsgerichts[39] beachtenswert: „Eine gesetzliche Regelung, die es möglich macht, aus gesamtwirtschaftlichen und sozialen Gründen die zum Nutzen des allgemeinen Wohls gebotenen preisrechtlichen Maßnahmen zu treffen, entspricht dem Sozialstaatsprinzip, das auch die Vertragsfreiheit inhaltlich bestimmt und begrenzt (vgl. Raiser, JZ. 1958 S. 1 ff.) und dessen Ausgestaltung im wesentlichen dem Gesetzgeber obliegt[40]." Wieviel einfacher wäre es gewesen, anstatt nun über das Sozialstaatsprinzip die im Ergebnis richtige Interpretation mittels *einengender* Auslegung der „freien Entfaltung der Persönlichkeit" zu erreichen!

In einer anderen Entscheidung[41] entwickelt das Bundesverfassungsgericht nun seine Auslegung des Rechts auf freie Entfaltung der Persönlichkeit weiter und gelangt zu immer neuen Konsequenzen seiner Auffassung (vgl. Urteil vom 3. Dezember 1958). Danach gehört zur Handlungsfreiheit, die angeblich in umfassendem Sinne durch Art. 2 Abs. 1 GG geschützt ist, sogar „auch das Grundrecht des Bürgers, nur auf Grund solcher Rechtsvorschriften zur Steuer herangezogen zu werden, die formell und materiell der Verfassung gemäß sind und deshalb zur verfassungsmäßigen Ordnung gehören. ... In der wirtschaftlichen Freiheit des einzelnen", die, wie dargetan, nach der Meinung des höchsten Gerichts auch durch Art. 2 Abs. 1 GG geschützt ist, „greift aber die öffentliche Gewalt nicht nur durch Gebote und Verbote, sondern auch durch Auferlegung von Steuern ein". So werden schließlich sogar einzelne Steuergesetze und ihre Durchführungsverordnungen am Recht der freien Entfaltung der Persönlichkeit geprüft. Man gelangt damit zu einer dem Wesen der gemeinschaftsgebundenen Persönlichkeit, wie sie dem Grund-

[37] Vgl. dazu dessen Standpunkt in BVerfG E. Bd. 8, 283 ff.

[38] Vgl. dazu dessen Begründung in BVerfG E. Bd. 8, S. 282: „Das Preisgesetz verletze die durch Art. 2 Abs. 1 GG gewährleistete Vertragsfreiheit".

[39] A. a. O., S. 329.

[40] A. a. O., S. 329, BVerfG. E. Bd. 1, S. 105. – In der gleichen Linie liegt BVerfG E. Bd. 12, S. 347 f., betr. die Zusatzumsatzsteuer.

[41] E. Bd. 9, S. 11 f.

gesetz vorschwebt, diametral entgegengesetzten Auffassung und kann hier a priori die Unhaltbarkeit der Interpretation des Art. 2 Abs. 1 durch das Bundesverfassungsgericht erkennen.

In derselben Linie liegt ein Urteil des Bundesverfassungsgerichts[42], in dem in Fortentwicklung der weiten Auslegung des Rechts auf freie Entfaltung der Persönlichkeit über die allgemeine Handlungsfreiheit hinaus aus Art. 2 Abs. 1 GG auch ein grundrechtlicher Anspruch heraus gelesen wird, „durch die Staatsgewalt nicht mit einem Nachteil belastet zu werden, der nicht in der verfassungsmäßigen Ordnung begründet ist“ – letztere in dem oben zitierten Sinne als Rechtsordnung gemeint. Wohl anerkennt das Gericht, daß Art. 2 Abs. 1 „zwar besonders die aktive Gestaltung der Lebensführung durch den Grundrechtsträger selbst akzentuiert“; diese „setze aber die Freiheit von unberechtigten – also auch von nicht rechtsstaatlichen – Eingriffen der Staatsgewalt geradezu voraus“. Mir scheint der Schluß aus Art. 2 Abs. 1 grotesk, daß möglicherweise bereits eine unzulässige Geldstrafe, weil sie „dem Verurteilten die Möglichkeit der Verwendung seiner Mittel nach freiem Ermessen nimmt“, eine Verletzung des Rechts auf freie Entfaltung der Persönlichkeit darstellt, sogar noch dann, wenn die Geldstrafe auf Grund eines Gnadenaktes nicht entrichtet zu werden brauchte!

Selbst die Rüge mangelnder Gesetzgebungskompetenz kann nach Ansicht des Bundesverfassungsgerichts[43] auf Art. 2 Abs. 1 GG gestützt werden. Denn ein trotz mangelnder Gesetzgebungskompetenz des Bundes erlassenes Bundesgesetz gehöre nicht zur verfassungsmäßigen Ordnung und greife daher in die durch Art. 2 Abs. 1 GG gewährleistete allgemeine Handlungsfreiheit und wirtschaftliche Freiheit in nicht legitimer Weise ein. So wird Art. 2 Abs. 1 schließlich sogar die Grundlage von Rügen, die Verstöße gegen die verfassungsmäßige Ordnung, aber nicht unmittelbar gegen besondere Grundrechte betreffen. Würde man diesen Punkt isoliert von der geschichtlichen Entwicklung dieser Rechtsprechung zu Art. 2 Abs. 1 GG betrachten, so müßte ein solches Ergebnis unverständlich bleiben. Ob diese Folgerung aber wirklich aus dem Recht auf freie Entfaltung der Persönlichkeit gezogen werden kann, erscheint mir mehr als fraglich.

In derselben Ebene liegt eine Entscheidung des Bundesverfassungsgerichts[44], nach der eine Verletzung des Art. 2 Abs. 1 GG vorliegen soll, wenn ein Ge-

[42] E. Bd. 9, S. 88.

[43] E. Bd. 10, S. 99, Bd. 11, S. 110, 198. – Die Verfassungswidrigkeit der Rückwirkung eines Abgabengesetzes wird vom BVerfG (E. Bd. 13, S. 233) mit Recht auf Verletzung des Rechtsstaatsprinzips, nicht, wie der Beschwerdeführer (a. a. O., S. 218) begehrte, auf Art. 2 Abs. 1 GG gestützt.

richtsurteil eines anderen Gerichts eine an sich rechtsgültige Norm als rechtsungültig betrachtet, weil die im ermächtigenden Gesetz vorgeschriebene Anhörung von Sachverständigen vor Erlaß einer Rechtsverordnung unterblieben ist. Auch diese Entscheidung beruht auf der These, daß das Recht auf freie Entfaltung der Persönlichkeit mit der allgemeinen Handlungsfreiheit identifiziert wird, diese aber nur im Rahmen der verfassungsmäßigen Ordnung gilt, welch letztere bereits verletzt sein soll, wenn eine Norm formell nicht ordnungsmäßig wirksam erlassen ist.

Dagegen lehnt das Bundesverfassungsgericht [45] in einem Falle, in dem nun wirklich die freie Entfaltung der Persönlichkeit berührt wird – formell allerdings zutreffend –, mit leichter Hand ein Eingehen auf die Sache ab. Da die in Rede stehenden § 1707 BGB, § 35 JugendwohlfahrtsG. *vor*konstitutionelles Recht, d. h. *vor* Erlaß des Grundgesetzes bereits eingeführt seien, können sie nicht im Wege der Normenkontrolle nach Art. 100 GG vom Bundesverfassungsgericht nachgeprüft werden. Dagegen erfährt man nicht, ob das Gericht die Ausschließung der gesetzlichen Vertretung eines unehelichen Kindes durch die uneheliche Mutter als mit dem Recht auf freie Entfaltung der Persönlichkeit dieser Mutter vereinbar ansieht oder nicht. Zu diesem formal negativen Ergebnis müßte das Gericht bei seiner Auslegung wohl auch bei einer Verfassungsbeschwerde der Mutter gelangen, weil hier in Wirklichkeit gar nicht mehr das Recht der Mutter, sondern die Frage geprüft würde, ob das einschränkende Gesetz „verfassungsmäßig" ist. Die möglicherweise wirkliche Einschränkung der Persönlichkeitssphäre der Mutter bleibt durch diesen Formalismus ohne Schutz.

Vielleicht steht auch eine die allgemeine Handlungsfreiheit einengende, also das Recht auf freie Entfaltung der Persönlichkeit beschränkende Regelung in Frage, wenn eine Zwangsversicherung für Ärzte, also für einen freien Beruf, zwecks Altersversorgung gesetzlich eingeführt wird. Das Bundesverfassungsgericht [46] hat m. E. richtig erkannt [47], daß es sich hier nicht um das Recht auf freie Berufsausübung, also nicht um Art. 12 Abs. 1 GG han-

[44] E. Bd. 10, S. 225. – Stände eine Verletzung des Grundrechts des Art. 12 GG in Frage, so würde nach der (m. E. unrichtigen) Ansicht des BVerfG der Schutz des Art. 2 Abs. 1 ausscheiden (E. Bd. 13, S. 185).

[45] Vgl. E. Bd. 10, S. 129 ff.

[46] E. Bd. 10, S. 357 ff., 360, 362 ff., aufrechterhalten in E. Bd. 12, S. 323.

[47] Vgl. dazu *H. Peters*, Die verfassungsrechtliche Zulässigkeit berufsständischer Pflichtversorgungseinrichtungen für Ärzte. Rechtsgutachten. Ärzte-Verlag, Köln 1954, S. 33 f. – Der Hauptteil dieser Arbeit widmet sich dem – im Ergebnis vom Bundesverfassungsgericht gebilligten – Nachweis, daß derartige Versorgungseinrichtungen nicht mit Art. 2 Abs. 1 GG in Widerspruch stehen (S. 16–30).

delt, weil es um die Sicherung der Lage des Arztes und seiner Familie *nach* Beendigung der Berufsausübung geht, daß also der Beruf überhaupt nicht betroffen wird. Anstatt einfach festzustellen, daß, selbst wenn die Regelung nicht mit Art. 2 Abs. 1 GG vereinbar wäre, sie durch das in Art. 20 Abs. 1 aufgerichtete Sozialstaatsprinzip gerechtfertigt wird, beschreitet das Bundesverfassungsgericht einen anderen Weg, um zum gleichen Ergebnis zu gelangen. Da das die Ärzteversorgung einführende Landesgesetz keinem Satz der geschriebenen Verfassung widerspricht, insbesondere nicht den Grundsätzen der Rechtsstaatlichkeit und dem Sozialstaatsprinzip, fällt es unter die „verfassungsmäßige Ordnung", die durch den „Soweit"-Satz den Hauptsatz des Art. 2 Abs. 1 GG, also die allgemeine Handlungsfreiheit, bereits grundgesetzlich einschränkt. Der Einwand, daß im Begriff des „freien" Berufs ein spezifischer gesteigerter Gehalt an Freiheit mitgedacht sei, treffe nicht zu. Selbst wenn ein Beruf unstreitig zu den freien Berufen gehört, ließen sich daraus „präzise normative Wirkungen für seine Behandlung im Recht (oder auch nur im öffentlichen Recht) nicht ableiten". „Freier Beruf" sei ein soziologischer Begriff, der nicht unabhängig von den gesellschaftspolitischen Wandlungen seit dem Ende des ersten Weltkriegs mit dem zweimaligen Währungsverfall u. a. zu sehen sei. „Im Selbstverständnis der Berufsangehörigen ist also der Gedanke einer kollektiven Zwangsversorgung als mit der Idee des freien Berufs durchaus vereinbar empfunden worden[48]. Wird der Gedanke einer kollektiven Versorgung grundsätzlich akzeptiert, ja wird man ihn sogar zwecks Erhaltung eines voll leistungsfähigen Ärztestandes als wichtige Aufgabe der staatlichen Gesundheitspolitik anerkennen müssen, so ist eine auf dem dann legitim herangezogenen Versicherungsgrundsatz aufbauende kollektive Versorgung der Ärzte wirtschaftlich nur durchführbar, wenn ihr grundsätzlich *alle* Ärzte angehören. Somit sei – so meint das Gericht[49] – auch das Maß der Freiheitsbeschränkung durch die Umstände gerechtfertigt.

Das Ergebnis der Entscheidung dieses Falles ist – wenn auch m. E. mit anderer Begründung[50] – richtig; denn von meinem Standpunkt aus geht es

[48] BVerfG E. Bd. 10, S. 366.

[49] A. a. O., S. 370.

[50] Vgl. mein in Anmerkung 47 erwähntes Rechtsgutachten S. 19 f., in dem ich meine, auch an verschiedenen anderen Stellen herausgearbeitete Grundauffassung (vgl. außerdem *Peters*, „Die freie Entfaltung der Persönlichkeit als Verfassungsziel" i. Festschrift für Laun, 1953, S. 669 ff., 673 f., *ders.* i. Historisches Jahrbuch 1953, S. 464., *ders.* i. Bundesarbeitsblatt 1954, S. 207 f., *ders.*, Gutachten über „Die Verfassungsmäßigkeit des Verbots der Beförderung von Massengütern im Fernverkehr auf der Straße", Gutachten zum Ent-

hier überhaupt nicht um den Kernbestand der Persönlichkeit. Daher brauchte die *Zulässigkeit* der hier vorgesehenen Freiheitsbeschränkung der Ärzte vom Standpunkt des richtig verstandenen Art. 2 Abs. 1 GG überhaupt nicht geprüft zu werden. In meinem dem Urteil vorangegangenen Gutachten habe ich das damit begründet, daß zwar auch die Tätigkeit des Arztes in ihrer Gesamtheit zum Wohle der Allgemeinheit als Ausfluß des Rechts auf freie Entfaltung der Persönlichkeit verstanden werden muß und daß sie dementgegen unter dem Nationalsozialismus durch parteidiktatorische Kollektivierung, Dienstverpflichtungen verschiedener Art, politische Bespitzelung und durch grotesken Mißbrauch der wissenschaftlichen Forschung gegen grundlegende ethische Normen schweren, die ärztliche Persönlichkeit erfassenden Freiheits- und Persönlichkeitsbeschränkungen unterlag, daß jedoch die durch Art. 2 Abs. 1 GG dem einzelnen in die Hand gegebene Waffe stumpf würde, wenn damit *jede* staatliche Maßnahme verhindert werden würde, durch die gerade im Interesse des Ärzteberufs die ärztliche Berufsausübung und die Gestaltung der berufsständischen Organisation der Ärzte Beschränkungen erfährt. Nur eine solche Interpretation kann m. E. dem Sinne des Art. 2 Abs. 1 GG als Sicherung eines Grundwertes der Verfassung entsprechen.

Wie weit eine Berufung auf Art. 2 Abs. 1 GG bei der Auffassung des Bundesverfassungsgerichts gehen kann, zeigt ein Urteil [51], in dem die Gültigkeit einer Hundesteuerordnung als auch gegen Art. 2 Abs. 1 verstoßend bezeichnet wird, wenn sie eine rechtsstaatswidrige Rückwirkung enthält. Hier mußte m. E. die Verfassungswidrigkeit *allein* auf den Verstoß gegen das Rechtsstaatsprinzip gestützt werden. – Ein andermal [52] verletzten angeblich zwei Gerichtsurteile von Vorinstanzen deshalb den Art. 2 Abs. 1, weil die der Verurteilung des Klägers zugrunde gelegten Rechtsvorschriften des Landesrechts wegen Verstoßes gegen Bundesrecht nichtig seien; dann aber bilden sie keinen Bestandteil der „verfassungsmäßigen Ordnung“, wie das Bundesverfassungsgericht sie versteht, so daß die durch den Vordersatz des Art. 2 Abs. 1 GG angeblich gesicherte allgemeine Handlungsfreiheit wieder Platz greift. Das Recht auf Verteilen von politischen Flugblättern vom Kraftwagen aus ergebe sich aus der gewährleisteten allgemeinen Handlungsfrei-

wurf eines Straßenentlastungsgesetzes, Bielefeld 1954, S. 16 f., *ders.*, Die Zulassung von Hypothekenbanken 1959, S. 33 f.) erneut gerade zu diesem vom Bundesverfassungsgericht behandelten Falle näher begründet habe.

[51] Vgl. BVerfG E. Bd. 7, S. 92.

[52] Vgl. BVerfG E. Bd. 7, S. 111.

heit, die hier durch die Rechtsordnung nicht beschränkt sei. Auf diese Weise wird hier und in vielen anderen Fällen eine Verfassungsbeschwerde vor dem Bundesverfassungsgericht möglich, während sonst mit der Revision die möglichen Rechtsmittel erschöpft wären. Während beim Recht auf freie Meinungsäußerung das Bundesverfassungsgericht [53] in der bekannten Entscheidung über den Boykott von Veit-Harlan-Filmen jeder Relativierung durch einfaches Gesetz und damit zwangsläufig durch die Rechtsprechung der die Gesetze auslegenden Gerichte aus der Idee einer objektiven Wertordnung der Grundrechtsvorschriften mit Recht entgegentritt, fördert es nun selbst diese Relativierung, indem es das Recht auf freie Entfaltung bereits durch einfache Gesetze einschränkbar macht und damit schließlich das gewöhnliche Rechtsstaatsprinzip faktisch mit ihm identifiziert [54]. Mir scheint es daher widerspruchsvoll, wenn nun [55] vom Bundesverfassungsgericht zwar zugunsten von Veit Harlan ein Recht, Filme zu drehen, als Ausfluß der allgemeinen Handlungsfreiheit anerkannt, andererseits aber doch dem einzelnen Bürger nach Art. 5 GG gestattet wird, zum Boykott dieser Filme aufzufordern. Niemand könne sich „auf die angeblich absolut geschützte Position des Art. 2 GG zurückziehen und jeden Angriff auf sie, von wem er auch kommen mag, als Unrecht oder Verstoß gegen die guten Sitten ansehen". Trotz dieser Minderbewertung des Art. 2 Abs.1 durch das Bundesverfassungsgericht halte ich im Ergebnis dessen Entscheidung für richtig, aber nur deshalb, weil ich folgende These des Gerichts hier für durchschlagend halte: *Irrig* ist die Annahme, daß, weil der Staat das Recht zu gewissen Eingriffen in die Sphäre von Harlan nicht hat, erst recht der einzelne Bürger dieses Recht nicht haben könne. Der Harlan politisch bekämpfende Bürger kann die seiner Meinungsfreiheit entspringende Boykottaufforderung mit keinerlei hoheitlichem Druck durchsetzen; das dem *Staate* gegenüber geschützte Recht auf freie Entfaltung von Veit Harlan steht also dem in der Verfassungsbeschwerde geltend gemachten, vom Zivilgericht irrig einschränkend ausgelegten Recht auf Meinungsäußerung seines Gegners nicht entgegen.

Im Ergebnis zutreffend ist gleichfalls eine Entscheidung des Bundesverfassungsgerichts [56], wonach nicht durch Art. 2 Abs. 1 gedeckt sei, daß ein

[53] Vgl. BVerfG E. Bd. 7, S. 220.

[54] Gegen diese fehlerhafte Auslegung nimmt mit Recht und überzeugender Argumentation *Nipperdey* (a. a. O., S. 788 ff.) Stellung. Auch die Einwendungen gegen die ausdehnende Interpretation des Art. 2 Abs. 1 neuerdings durch *Ridder-Stein* (Die Öffentliche Verwaltung 1962, S. 366 f.) schlagen nur bei der Auslegung des BVerfG durch.

[55] Vgl. BVerfG E. Bd. 7, S. 220.

[56] Vgl. BVerfG E. Bd. 7, S. 230, 238.

Wohnungsmieter – an der nicht mit vermieteten Hauswand – gegen den Willen des Vermieters politische Propaganda für eine bestimmte Wahl im Wahlkampf macht. Das Gericht erklärte eine diesbezügliche Verfassungsbeschwerde für unbegründet, weil die privatrechtliche Rechtsordnung der Betätigung des Mieters entgegenstehe und damit die freie Entfaltung der Persönlichkeit ausschließe. Für mich geht es hier überhaupt nicht um die freie Entfaltung der Persönlichkeit, und wenn es selbst um sie ginge, dann ist das Recht eines anderen, des Vermieters, eben die Grenze für die hier vorgenommene politische Betätigung.

Einen Fall, in dem wirklich das Recht auf freie Entfaltung der Persönlichkeit beeinträchtigt wird, behandelt das Bundesverfassungsgericht in seinem Urteil vom 24. Januar 1961 [57]. Wird jemand von ostzonalen Gerichten wegen einer Straftat verurteilt, die, mag selbst formal den Erfordernissen der Rechtsstaatlichkeit entsprochen sein, unmittelbar dem Schutze und der Festigung der in der Sowjetzone ausgeübten politischen Macht und des dort bestehenden Wirtschaftssystems [58] dient, so würde die Vollstreckung dieser Strafe in der Bundesrepublik gegen Art. 2 Abs. 1 GG verstoßen. Diese Entscheidung halte ich für richtig, weil in der Tat die Bestrafung des Täters unmittelbar und mittelbar das die Entfaltungsfreiheit der Persönlichkeit bedrohende kommunistische System als solches schützt. Überdies beweist – vom Standpunkt meiner Auffassung – dieser Fall deutlich, daß auch nach der Persönlichkeitskerntheorie der wirtschaftende Mensch durch Art. 2 Abs. 1 mit geschützt ist. Dagegen stellen an sich – auch nach Ansicht des Bundesverfassungsgerichts [59] – Devisenbewirtschaftungsgesetze, die zwar vielleicht heute nicht mehr verfassungsmäßig einwandfrei erlassen werden dürften, aber aus in der Sache liegenden Gründen noch für eine Übergangszeit galten oder gelten, keinen Verstoß gegen Art. 2 Abs. 1 dar.

In dem berühmten Apothekenurteil [60], worin die Freiheit für die Zulassung neuer Apotheken behandelt wurde, hat das Bundesverfassungsgericht sich im wesentlichen – m. E. gleichfalls zu Unrecht [61] – auf Art. 12

[57] E. Bd. 12, S. 99 ff.

[58] S. 109.

[59] E. Bd. 12, S. 281 ff., 290; vgl. dazu auch BVerfG. E. Bd. 9, S. 63, 71 f.

[60] Vgl. BVerfG E. Bd. 7, S. 377.

[61] Vgl. *H. Peters*, Die Zulassung von Hypothekenbanken. Gedr. Rechtsgutachten 1959, S. 64 f. Meine Bedenken richten sich gegen die Auslegung des Art. 12 Abs. 1 GG durch die höchsten Gerichte; das aber steht hier nicht zur Diskussion; vgl. a. a. O., S. 33 f.

Abs. 1 GG gestützt; es hat dabei[62] zwar auch Art. 2 Abs. 1 mit herangezogen und wohl in dem Sinne, daß Art. 2 Abs. 1 mit der allgemeinen Handlungsfreiheit auch die Gründung neuer Apotheken „innerhalb der verfassungsmäßigen Ordnung" zulasse, daß aber die die Zulassungsfreiheit beschränkenden Gesetze mit Art. 12 Abs. 1 GG in Widerspruch stünden und deshalb nicht zur „verfassungsmäßigen Ordnung" gehören. Im übrigen prüft das Bundesverfassungsgericht[63] die Verletzung des Grundrechts des Art. 2 Abs. 1 GG nicht mehr, wenn eine gesetzliche Regelung mit Art. 12 Abs. 1 verfassungsrechtlich vereinbar ist, weil es die Grundrechtsvorschriften der Art 4 – 17 GG für leges speciales zu Art. 2 Abs. 1 GG hält[64]. Das wird noch klarer ausgesprochen in einem Urteil vom 7. Januar 1959[65], wo im Anschluß an eine Entscheidung des Bundesgerichtshofs[66] und eine weitere des Bundesverwaltungsgerichts[67] festgestellt wird, daß, wenn durch eine Norm der freie Zugang zum Beruf oder seine freie Ausübung betroffen werden, ausschließlich eine Verletzung von Art. 12 Abs. 1 GG, also das Recht auf Freiheit der Berufswahl, nicht daneben eine solche von Art. 2 Abs. 1 des Rechts auf freie Entfaltung der Persönlichkeit, in Frage steht[68]. Die Arzneimittelverordnung sei demgemäß an Art. 12 Abs. 1 GG als der „lex specialis für das Gebiet des Berufsrechts" zu messen und Art. 2 Abs. 1 GG als Prüfungsmaßstab insoweit ausgeschlossen[69].

Die Zwangseingliederung in einen öffentlichrechtlichen Verband – hier: den Erftverband – wird vom Bundesverfassungsgericht[70] als eine Beschränkung der allgemeinen Handlungsfreiheit angesehen, ist aber (was in Fortführung der bisher erörterten Rechtsprechung folgerichtig ist) zulässig, wenn das die Zwangsmitgliedschaft anordnende Gesetz verfassungsmäßig ist. So wird man gezwungen zu prüfen, ob und unter welchen Voraussetzungen die

[62] A. a. O., S. 368.
[63] Vgl. E. Bd. 9, S. 73 (oben).
[64] Dies wird auch deutlich in BVerfG E. Bd. 9, S. 58.
[65] BVerfG E. Bd. 9, S. 77.
[66] BGH Z. Bd. 22, S. 167.
[67] E. Bd. 7, S. 172.
[68] So auch VerfG E. Bd. 9, S. 343: Ist ein bestimmter Lebensbereich, z. B. die Berufswahl, durch *besondere* Grundrechte geschützt, so kommt eine verfassungsrechtliche Nachprüfung aus Art. 2 Abs. 1 GG nicht mehr in Betracht; so auch BVerfG E. Bd. 10, S. 199, betr. Bedürfnisprüfung bei Prozeßagenten.
[69] Ob in der Beschränkung der *freien* Arztwahl durch die Krankenkassenmitglieder ein Verstoß gegen Art. 2 Abs. 1 zu sehen ist, entscheidet das Bundesverfassungsgericht (E. Bd. 11, S. 149) nicht.
[70] BVerfG E. Bd. 10, S. 102 ff.

Verfassungsmäßigkeit des Gesetzes angezweifelt werden kann. Das geschieht hier bezüglich der Frage, ob der Gesetzgeber willkürliche Anordnungen bezüglich der Notwendigkeit einer gesetzlichen Regelung, der Wahl der Verbandsform, der Verminderung des Rechtsschutzes der in Anspruch Genommenen, der Vernachlässigung schutzwürdiger Interessenten usw. getroffen habe, mit dem Ergebnis, daß im Erftgesetz keinerlei Verfassungsverletzungen dieser Art vorgekommen seien. Man beachte aber, daß nun die Prüfung des Rechts auf freie Entfaltung der Persönlichkeit einfach auf die Untersuchung der Verfassungsmäßigkeit eines Gesetzes hinausläuft und daß in Wahrheit, formal gesehen, aus der Verfassungsbeschwerde eine Normenkontrollklage geworden ist. Sollte das wirklich noch im Rahmen dessen liegen, was sich aus dem Willen des Gesetzgebers ableiten läßt?

Endlich sei noch einer Konsequenz gedacht, die gleichfalls für die Auslegung des Art. 2 Abs. 1 GG von großer Bedeutung ist, wenn man der Auffassung des Bundesverfassungsgerichts folgt. Nach Art. 19 Abs. 3 gelten die Grundrechte „auch für inländische juristische Personen, soweit sie ihrem Wesen nach auf diese anwendbar sind". Bedeutet freie Entfaltung der Persönlichkeit die allgemeine Handlungsfreiheit, so steht dieses Recht auch den genannten *juristischen Personen,* mindestens denen des Privatrechts, zu [71]. Soll dagegen darin das Menschentum, der Kern der menschlichen Persönlichkeit, den besonderen Schutz der Verfassung genießen, so würde die Anwendung des Art. 2 Abs. 1 dem Wesen der juristischen Person widersprechen und könnte nur für die eine Organschaftstätigkeit für die juristische Person ausübenden Menschen Bedeutung gewinnen. Vom Standpunkt der dargelegten Ansicht des Bundesverfassungsgerichts ist es demnach folgerichtig, wenn dieses [72] die Berufung auf das hier in Rede stehende Recht auch nicht natürlichen Personen zubilligt und es als „allgemeine Handlungsfreiheit auf wirtschaftlichem Gebiet" [73] auch Handelsgesellschaften, gleichviel ob sie juristische Personen sind oder nicht, zuerkennt.

Damit soll die kritische Darstellung der Entscheidungen des Bundesverfassungsgerichts abgeschlossen werden. Da eine Beurteilung nur *empirisch* möglich ist, mußten die Ausführungen umfangreicher und mußte ein Quellenstudium betrieben werden. Daraus ergibt sich für die Diskussion die

[71] So konsequent *Nipperdey,* a. a. O., S. 777 ff.

[72] So BVerfG E. Bd. 10, S. 89, 99. – Im Gegensatz auch zu *v. Mangoldt-Klein,* Bonner Grundgesetz 2. Aufl., S. 175. Dem Versuch einer vermittelnden Auffassung bei *Maunz-Dürig,* Grundgesetz Anm. 68 zu Art. 2 Abs. 1 vermag ich mich nicht auszuschließen.

[73] Wie in BVerfG E. Bd. 8, S. 274, 328, Bd. 9, S. 11.

Frage, ob vom Standpunkt des nicht juristisch gebildeten Laien Auslegung und Konsequenzen haltbar sind, die das Bundesverfassungsgericht mit seiner Interpretation des „Rechts auf freie Entfaltung der Persönlichkeit“ im Rahmen dessen liegend hält, was der deutsche Bundesbürger hier gesichert glaubt oder gewährleistet wissen will.

V. *Beispiele aus der Rechtsprechung der oberen Bundesgerichte im Hinblick auf die Ansicht des Bundesverfassungsgerichts*

Nunmehr soll noch an *einzelnen Beispielen* dargetan werden, wie die *oberen Bundesgerichte*, d. h. das Bundesverwaltungsgericht, der Bundesgerichtshof, das Bundesarbeitsgericht, das Bundessozialgericht und der Bundesfinanzhof zur Auslegung des Rechts auf freie Entfaltung der Persönlichkeit in Art. 2 Abs. 1 stehen, insbesondere ob und inwieweit sie der Auffassung des Bundesverfassungsgerichts folgen. Das gehört insofern in den Rahmen des Themas, als damit die Tragweite der hier in Rede stehenden Auffassung des Bundesverfassungsgerichts charakterisiert wird. Die Rechtsprechung der oberen Bundesgerichte – wie auch unter VI der Oberverwaltungsgerichte – braucht dazu jedoch angesichts der für einen Vortrag zur Verfügung stehende Zeit *nicht erschöpfend* aufgeführt zu werden.

1. Das *Bundesverwaltungsgericht* hat sich weitgehend an die Rechtsprechung des Bundesverfassungsgerichts angeschlossen, was bei der Autorität des letzteren durchaus verständlich erscheint. Nirgends stellt allerdings das Bundesverwaltungsgericht fest, daß es sich durch die Rechtsprechung des Bundesverfassungsgerichts nach Art. 31 BVerfGG gebunden fühle. Dies war auch kaum notwendig, da das Bundesverfassungsgericht selbst in seiner Rechtsprechung bereits von Anfang an den Begriff der freien Entfaltung der Persönlichkeit sehr weit zog. So hat das Bundesverwaltungsgericht z. B. in einem Urteil [74] über für gemeinnützig anerkannte Unternehmen zur Förderung von Kleingärten festgestellt, daß durch Art. 2 GG mit der freien Entfaltung der Persönlichkeit, zumal im Wirtschaftsbereich, die Vertragsfreiheit mitgeschützt sei. In einer anderen Entscheidung [75] betont es [76], daß bereits der V. Senat [77] rechtsgrundsätzlich ausgesprochen habe, daß die

[74] BVerwG E. Bd. 1, S. 324.
[75] BVerwG E. Bd. 2, S. 114 f.
[76] Ebendort S. 115 f.
[77] BVerwG E. Bd. 1, S. 321.

Vertragsfreiheit zu dem durch Art. 2 Abs. 1 geschützten Grundrecht gehöre. Danach unterliege die Vertragsfreiheit in ihrer Ausübung nicht nur den in Art. 2 Abs. 1 genannten drei Schranken (Rechte anderer, verfassungsmäßige Ordnung, Sittengesetz), sondern stehe auch unter dem sog. Vorbehalt des Gesetzes, d. h., es dürfe in die Freiheit nur durch Gesetz oder auf Grund eines Gesetzes eingegriffen werden, wie das in Art. 2 Abs. 2 Satz 3 für die Rechte auf Leben und körperliche Unversehrtheit sowie für die Freiheit der Person ausdrücklich vorgesehen sei. In dieser Entscheidung übernimmt das Bundesverwaltungsgericht noch nicht die heutige, damals noch unbekannte Auslegung des Bundesverfassungsgerichts für den Begriff „verfassungsmäßige Ordnung", sondern zieht, wie mir scheint, willkürlich den Satz 3 des Absatzes 2 mit in den Absatz 1 hinein. Als Schranke für solche Eingriffe sei lediglich Art. 19 Abs. 1 und 2 anzuerkennen, was objektiv unrichtig ist, weil Art. 1 den Gesetzesvorbehalt eben nicht kennt, der die Voraussetzung für die Anwendung von Art. 19 Abs. 1 ist. Deshalb wird nach Ansicht des Gerichts in diesem Zusammenhang § 2 Abs. 1 PreisbildungsG. vom 29. Oktober 1936 für nichtig erklärt, weil danach die Preisbehörden die Preisfreiheit völlig beseitigen können und damit das Grundrecht in seinem Wesensgehalt anzutasten ermächtigt würden. Letzteres trifft m. E. nicht zu.

Noch in weiteren Urteilen [78] wird die Vertragsfreiheit als Bestandteil der Freiheit der Entfaltung der Persönlichkeit generell anerkannt. Nicht ganz so klar ist die Stellungnahme zur Wettbewerbsfreiheit in einer Entscheidung [79], in der die Bundesausgleichsabgabe für Sterilmilch nicht als gegen Art. 2 Abs. 1 verstoßend [80] und demgemäß für verfassungsmäßig erklärt wird. Dort wird gesagt, daß, „wenn man in ihr überhaupt ein selbständiges grundrechtsgeschütztes Rechtsgut erblicken will", die Wettbewerbsfreiheit nur einen Unterfall des Rechts auf freie Entfaltung der Persönlichkeit darstelle und daß sie damit durch den Soweit-Satz des Art. 2 Abs. 1 beschränkt sei. Unter Berufung auf das Bundesverfassungsgericht [81] erklärt das Bundesverwaltungsgericht [82], daß die verfassungsmäßige Ordnung, die das Recht auf freie Entfaltung der Persönlichkeit beschränke,

[78] Vgl. BVerwG E. Bd. 2, S. 118, Bd. 3, S. 303 f., Bd. 4, S. 336.

[79] Vgl. BVerwG E. Bd. 6, S. 138 ff; gut wiedergegeben in BVerwG. E. Bd. 6, S. 141. – Das Bundesverfassungsgericht (vgl. E. Bd. 11, S. 188 f.) ist bezüglich der Zugehörigkeit der Wettbewerbsfreiheit zur freien Entfaltung der Persönlichkeit zurückhaltender.

[80] And. Ans. *E. R. Huber*, Wirtschaftsverwaltungsrecht Bd. 1, 1953, S. 663.

[81] E. Bd. 6, S. 32 ff.

[82] E. Bd. 6, S. 141.

nicht nur alle formell, sondern auch alle materiell verfassungsmäßigen Gesetze umfasse. Letzteres enthalte die Forderung, daß solche Gesetze auch materiell in Einklang mit den obersten Grundwerten der freiheitlichen demokratischen Ordnung als der verfassungsrechtlichen Wertordnung stehen und den elementaren Verfassungsgrundsätzen sowie den Grundentscheidungen des Grundgesetzes entsprechen müssen, insbesondere dem Prinzip der Rechtsstaatlichkeit und dem Sozialstaatsprinzip. Damit kommt das Gericht zu einer das Recht auf freie Entfaltung der Persönlichkeit charakterisierenden Feststellung: *„Auch gesetzliche Eingriffe in die Wettbewerbsfreiheit widersprechen den Grundsätzen des Verfassungsrechts nicht, wenn sie die Würde des Menschen nicht verletzen, die Eigenständigkeit seiner Persönlichkeit unberührt lassen und seine wirtschaftliche Freiheit nicht in ihrem Wesensgehalt antasten.“* Im Ergebnis kann man diese Entscheidung billigen; denn es geht hier um die Sicherung des Persönlichkeitskerns.

Ganz im Gegenteil zu dieser das Wesentliche erkennenden Entscheidung nimmt eine größere Anzahl von Urteilen wieder die These des Bundesverfassungsgerichts von der „allgemeinen Handlungsfreiheit“ und ihrer Einschränkbarkeit durch jedes formell und materiell verfassungsmäßige Gesetz auf [83]. Ähnlich wie vom Bundesverfassungsgericht wird auch vom Bundesverwaltungsgericht die Ansicht vertreten [84], daß die Freiheit der beruflichen Tätigkeit nicht schon einen wesentlichen Teil der freien Entfaltung der Persönlichkeit bilden könne, weil sonst Art. 12 neben Art. 2 Abs. 1 GG überflüssig wäre. Letzteres ist nicht einleuchtend, weil sehr wohl Art. 12 das Recht auf freie Entfaltung der Persönlichkeit noch spezialisieren und modifizieren könnte. Im Gegensatz zum Verwaltungsgerichtshof in Freiburg, der das Verbot der Universität gegen das Couleurtragen von Studenten für zulässig erklärte, hat das Bundesverwaltungsgericht [85] ausdrücklich festgestellt, daß Art. 2 Abs. 1 GG nicht nur die Entfaltung des Kernbezirks der Persönlichkeit betreffe, der das Wesen des Menschen als geistigsittliche Persönlichkeit ausmache, sondern die allgemeine Handlungsfreiheit gewähr-

[83] Vgl. BVerwG. E. Bd. 3, S. 127, wonach landesrechtliche Vorschriften, nach denen kommunale Ehrenbeamte Ansprüche Dritter gegen die Gemeinde nicht geltend machen dürfen, mit Art. 2 Abs. 1 GG vereinbar sind. – Auch in BVerwG E. Bd. 5, S. 292, Bd. 7, S. 317 und Bd. 10, S. 343, folgt das BVerwG dem BVerfG.

[84] BVerwG. E. Bd. 1, S. 451: Zur Bedürfnisprüfung im Gaststättenrecht. – Nach BVerwG Bd. 3, S. 130 kann ebenso das Freizügigkeitsrecht nach außerhalb nicht schon aus Art. 2 Abs. 1 abgeleitet werden. Ebenso kann man sich nach BVerwG E. Bd. 6, S. 266 nicht gleichzeitig auf Art. 12 und Art. 2 Abs. 2 GG berufen. Ähnlich BVerwG E. Bd. 8, S. 79 f.

[85] E. Bd. 7, S. 134.

leiste; jedoch finde letztere ihre Schranke und Begrenzung in der verfassungsmäßigen Ordnung, d. h. in der Gesamtheit der Normen, die formell und materiell der Verfassung gemäß sind. Auch die Gebote im besonderen Gewaltverhältnis stehen nicht außerhalb dieser Rechtsordnung, müssen daher auch mit der Vereinsfreiheit, Freiheit der Meinungsäußerung usw. übereinstimmen. Hier wird die Eigenart des besonderen Gewaltenverhältnisses verkannt, aus dessen Wesen sich notwendig die Beschränkung des Rechts auf Ausübung gewisser Grundrechte ergibt (vgl. z. B. bei den Beamten).

Gegen das Eheverbot der Schwägerschaft und der Geschlechtsgemeinschaft bestehen nach Ansicht des Bundesverwaltungsgerichts [86] keine verfassungsrechtlichen Bedenken, m. E. aber nicht im Hinblick auf die allgemeine Handlungsfreiheit und ihre Beschränkung durch verfassungsmäßige Gesetze, sondern weil hier zwar der Kern der sich frei entfaltenden Persönlichkeit erfaßt wird, aber ein Verstoß gegen das Sittengesetz zu befürchten ist, was durch den Soweit-Satz die Garantie der Freiheit wesentlich beschränkt.

Ergänzend wird vom Bundesverwaltungsgericht [87] noch – von *seinem* Standpunkt durchaus einleuchtend – festgestellt, daß die Verweigerung eines öffentlichen Kredits für Flüchtlinge für die Auswertung von Patenten keine Diskriminierung des Flüchtlings bedeute. Art. 2 Abs. 1 GG verbiete lediglich, durch gesetz*widrige* Eingriffe der öffentlichen Gewalt den einzelnen in der Entwicklung seiner Persönlichkeit zu hindern. Das sei hier nicht geschehen.

Im Ergebnis wird man festzustellen haben, daß das Bundesverwaltungsgericht, jedenfalls in seinen Entscheidungen der letzten Jahre, der neueren Rechtsprechung des Bundesverfassungsgerichts [88] recht nahekommt.

2. Der *Bundesgerichtshof* scheint mir in seiner Stellungnahme klarer. In dem sogenannten Herrenreiter-Fall [89] wird zutreffend ausgeführt, daß Art. 1 und Art. 2 GG das schützen, was man die menschliche Personhaftigkeit nenne. Diese Vorschriften sicherten damit unmittelbar jenen inneren Persönlichkeitsbereich, der grundsätzlich nur der freien und eigenverantwortlichen Selbstbestimmung des einzelnen unterstehe und dessen Verletzung

[86] Vgl. E. Bd. 10, S. 340, 343. Das BVerwG schließt sich hier wieder der Stellungnahme des BVerfG. E. Bd. 6, S. 32 ff. an.

[87] Vgl. E. Bd. 7, S. 187.

[88] Seit E. Bd. 6, S. 32 ff.

[89] BGHZ Bd.26, S. 349, 354.

rechtlich dadurch gekennzeichnet sei, daß aus ihr in erster Linie immaterielle Schäden, namentlich solche, die sich in einer Persönlichkeitsminderung ausdrückten, erzeugt werden.

Eine andere, die Wahrung der persönlichen Geheimnissphäre durch Geheimhaltung ärztlicher Zeugnisse über den Gesundheitszustand betreffende Entscheidung [90] geht ebenfalls davon aus, daß Art. 2 Abs. 1 das Recht eines jeden auf die freie Entfaltung seiner Persönlichkeit anerkenne. Damit sei ein allgemeines Persönlichkeitsrecht als sonstiges Recht im Sinne des § 823 Abs. 1 BGB geschaffen. Dieses Persönlichkeitsrecht bestehe jedoch nicht unbegrenzt; es eröffne nicht die Möglichkeit zu schrankenloser Durchsetzung eigener Interessen (S. 79). Weil sich das allgemeine Persönlichkeitsrecht darauf gründe, daß die Würde des Menschen mit der Möglichkeit zur Entfaltung der individuellen Persönlichkeit zu achten und zu schützen sei, sei es schon in seinen wesensmäßigen Voraussetzungen daran geknüpft, daß in dem besonderen Lebensbereich, für den es jeweils in Betracht komme, die Persönlichkeitswerte, die das Grundgesetz schützen wolle, von Bedeutung seien und im gegebenen Fall berührt würden (S. 80).

Der dem allgemeinen Persönlichkeitsrecht durch Art. 2 gewährte Rechtsschutz lasse – so führt der Bundesgerichtshof in einer heimliche Tonbandaufnahmen von Gesprächen betreffenden Entscheidung [91] aus – den Menschen in seinem inneren Persönlichkeitsbereich die ihm gebührende Freiheit und Selbstbestimmung zukommen, die für die Entfaltung der Persönlichkeit unerläßlich sei.

Auch bei dem Urteil über den unberechtigten Gebrauch eines Künstlernamens in einer Werbeanzeige [92] handelt es sich darum, daß durch Art. 2 Abs. 1 GG der Schutz des inneren Persönlichkeitsbereichs des einzelnen gewährt werde, der grundsätzlich allein seiner freien und eigenverantwortlichen Selbstbestimmung unterstehe; kraft des Persönlichkeitsrechts kann daher der einzelne von anderen verlangen, daß sie nicht unbefugt in diesen Persönlichkeitsbereich eindringen.

Wie immer auch die Grenzen des Rechts auf freie Entfaltung der Persönlichkeit zu bestimmen sein mögen, so dürfe es nicht dahin verstanden werden [93], daß es dem einzelnen die Befugnis und Fähigkeit gebe, einem Knaben mit allgemeinverbindlicher Wirkung einen Vornamen beizulegen, der dem an-

[90] BGHZ Bd. 24, S. 72 ff.
[91] Vgl. BGHZ Bd. 27, S. 284, 286.
[92] BGHZ Bd. 30, S. 7, 11.
[93] Vgl. BGHZ Bd. 30, S. 132, 138.

deren Geschlecht angehöre (Antoinette). Das wäre ein Mißbrauch des Rechts auf Erteilung eines Vornamens, der durch Art. 2 Abs. 1 nicht geschützt werde.

In einem anderen Urteil [94] geht es darum, daß ein Geschäftsunfähiger gegen einen nach § 1910 Abs. 2 BGB die Gebrechlichkeitspflegschaft anordnenden Beschluß keine wirksame Beschwerde einlegen könne. Das gemäß § 28 Freiw. GG vorlegende Oberlandesgericht hatte von dieser auch schon vom Reichsgericht vertretenen Rechtsauffassung abweichen wollen, weil nach seiner Ansicht damit gegen das durch Art. 2 gewährleistete Recht auf freie Entfaltung der Persönlichkeit verstoßen würde. Demgegenüber vertritt der Bundesgerichtshof die Ansicht, daß, wenn § 105 BGB den Willensäußerungen des hiervon betroffenen Personenkreises die sonst daran geknüpfte Rechtswirkung versage, die Persönlichkeit im Einzelfall nicht in ihrem wahren Wesen und in ihren sinnvollen Möglichkeiten, sondern lediglich in ihren krankhaften, nicht zurechenbaren Äußerungen an der Entfaltung gehindert werde. Sei nämlich jemand infolge einer krankhaften Störung gewisser naturgemäßer Funktionen seines Organismus außerstande, sich gegenüber seiner Umwelt, insbesondere gegenüber seinen Mitmenschen, sinvoll und vernunftgemäß zu verhalten, so sei er schon durch diese Tatsache als solche an der freien Entfaltung seiner Persönlichkeit gehindert.

Das Grundgesetz habe in Art. 2 Abs. 1 das Recht des Menschen auf freie Entfaltung seiner Persönlichkeit auch als privates, von jedermann zu achtendes Recht anerkannt. In dieser das Problem der Drittwirkung von Grundrechten anschneidenden Entscheidung, welche die Veröffentlichung eines Briefes durch eine Zeitung in abgekürzter und damit sinnentstellender Fassung betrifft, entwickelt der Bundesgerichtshof [95] aus Art. 2 Abs. 1 GG ein allgemeines Persönlichkeitsrecht. Daher sieht er [96] in Art. 2 Abs. 1 auch die Gewährleistung des Grundrechtsschutzes zugunsten der Persönlichkeit, dem eine ungenehmigte Offenlegung der jedem Menschen geschützten Geheimnissphäre entgegenstehe.

Während es in den vorgenannten Entscheidungen dem Bundesgerichtshof eindeutig um die Durchsetzung des Schutzes des Kerns der Persönlichkeit des Art. 2 Abs. 1 geht, wird in einem die Werbung durch Massenverteilung von Warenproben betreffenden Urteil [97] aus Art. 2 Abs. 1 ein Recht auf freie

[94] Vgl. BGHZ Bd. 15, S. 262, 265.
[95] Vgl. BGHZ Bd. 13, S. 334, 338.
[96] Vgl. BGHZ Bd. 15, S. 249, 258.
[97] Vgl. BGHZ Bd. 23, S. 365, 371.

wirtschaftliche Betätigung und eine Sicherung des freien Spiels der Kräfte abgeleitet, freilich mit den Einschränkungen des „Soweit-Satzes". Doch läßt sich auch die letztgenannte Entscheidung trotz ihrer Anerkennung der allgemeinen Handlungsfreiheit allenfalls noch in den Rahmen der Persönlichkeitskerntheorie einordnen. Dann aber kann *zusammenfassend* festgestellt werden, daß der Bundesgerichtshof in seinen Entscheidungen die Auffassung des Bundesverfassungsgerichts nicht einfach übernommen hat, sondern sich selbst der Persönlichkeitskerntheorie einigermaßen angepaßt hat.

3. Das *Bundessozialgericht* läßt eine *eigene* klare Stellungnahme nicht erkennen. In einer eine kassenärztliche Zulassungsordnung behandelnden Entscheidung [98] läßt es ausdrücklich dahingestellt, ob Art. 2 Abs. 1 nur den Schutz eines Mindestmaßes menschlicher Handlungsfreiheit bedeute oder die umfassende Gewährung der Handlungsfreiheit enthalte. Später freilich vertritt es [99] unter ausdrücklicher Anlehnung an die oben zitierte Entscheidung des Bundesverfassungsgerichts (Bd. 6 S. 32) die Meinung, daß Art. 2 Abs. 1 GG „die Handlungsfreiheit des Menschen vor Eingriffen des Staates schützen" wolle und daß sich aus der ursprünglichen Fassung des Grundrechts der Sinn ergebe, „jeder kann tun und lassen, was er will". Diese Formulierung sei später nur aus sprachlichen Gründen abgeändert worden. Wiederum unter Bezugnahme auf das Bundesverfassungsgericht wird festgestellt, daß durch Art. 2 Abs. 1 die Handlungsfreiheit des Menschen vor Eingriffen des Staates geschützt sei, dagegen kein Recht auf positive Leistungen gewährt wird [100].

Zum Rentenversicherungsüberleitungsgesetz stellt das Bundessozialgericht [101] fest, daß die rückwirkende Inkraftsetzung eines Rechtssatzes durch das Recht auf freie Entfaltung der Persönlichkeit nach Art. 2 Abs. 1 nicht ausgeschlossen sei. Dieser Satz ist im Ergebnis richtig, nicht aber in der Bezugnahme auf Art. 2 Abs. 1 GG, da es sich hier um ein Rechtsstaats-, kein Persönlichkeitsproblem handelt.

4. Das *Bundesarbeitsgericht* stellt in einem Urteil [102] der Zölibatsklausel für Arbeitnehmerinnen das Recht auf freie Entfaltung der Persönlichkeit gegenüber und schützt damit den inneren Persönlichkeitskern.

[98] Vgl. BSozG. Bd. 4, S. 56 f., Bd. 4, S. 161.

[99] Vgl. Bd. 9, S. 206, Bd. 11, S. 212.

[100] BSozG Bd. 11, S. 212, betr. die Kürzung der Versorgungsbezüge nach Herabsetzung der Minderung der Erwerbsfähigkeit von 90 % auf 50 %.

[101] BSozG Bd. 3, S. 82; ähnlich BGHZ Bd. 15, S. 265.

[102] Vgl. BAG E. S. 282.

In einem anderen Urteil aber spricht es von der allgemeinen Handlungs- und Entfaltungsfreiheit, deren Ausübung freilich nicht gegen die verfassungsmäßige Ordnung verstoßen dürfe [103].

Zur Frage, ob beim legitimen gewerkschaftlichen Streik der die Arbeit ohne Kündigung niederlegende Arbeitnehmer vertragswidrig und rechtswidrig handelt, läßt es das Bundesarbeitsgericht [104] dahingestellt, ob das Streikrecht aus Art. 2 Abs. 1 hergeleitet werden kann; es könne jedenfalls vertraglichen Bindungen unterworfen sein. Immerhin wird in diesem Zusammenhang auch von der grundrechtlich geschützten allgemeinen Handlungsfreiheit des Art. 2 Abs. 1 gesprochen.

In einer Entscheidung [105] wird die Verletzung eines Wettbewerbsverbots eines technischen Angestellten gegenüber einem Unternehmen im Hinblick auf das Recht auf Persönlichkeitsentfaltung nach Art. 2 Abs. 1 GG untersucht. Die Heranziehung des Art. 2 ist hier nur verständlich vom Standpunkt der von *Nipperdey*, dem Präsidenten des Bundesarbeitsgerichts, vertretenen Drittwirkung von Grundrechten; nur dann ist Art. 2 Abs. 1 auch ein unmittelbar wirksamer Ordnungssatz für das soziale Leben wie für den Rechtsverkehr der Bürger untereinander. Freilich ist nach Meinung des Gerichts dieses Grundrecht erst verletzt, wenn das Wettbewerbsverbot zugleich gegen § 138 BGB und 133 f GewO., die das Grundrecht näher konkretisieren sollen, verstößt [106].

Deshalb halte ich es auch nicht für richtig, mit dem Bundesarbeitsgericht [107] eine Verletzung des Art. 2 Abs. 1 dann anzunehmen, wenn ein Arbeitnehmer durch Kündigung dazu gezwungen werden soll, sich einer Tarifvereinbarung zu unterwerfen, die von einer fremden Gewerkschaft abgeschlossen ist und von seiner eigenen Organisation abgelehnt wird. Auch hier kann m.E. nur von einem Verstoß gegen die mittelbar auch durch die Grundrechtsvorschriften mit zu gestaltenden „guten Sitten", nicht aber gegen Art. 2 Abs. 1 die Rede sein.

5. Der *Bundesfinanzhof* vertritt, wie mir scheint, bisher von den oberen Bundesgerichten am eindeutigsten die Persönlichkeitskerntheorie. In einem

[103] Vgl. BAG E. Bd. 2, S. 275, betreffend aktive Beteiligung eines Betriebsratsmitglieds an der Durchführung verfassungsfeindlicher Abstimmungen unter der Belegschaft.

[104] BAG E. Bd. 1, S. 299.

[105] BAG E. Bd. 3, S. 301.

[106] Daß hier zunächst der Verstoß gegen andere gesetzliche Vorschriften zur Voraussetzung gemacht wird, zeigt m. E., daß eben eine *un*mittelbare Wirkung des Art. 2 Abs. 1 auf den Rechtsverkehr der Bürger untereinander, also eine echte Drittwirkung, *nicht* eintritt.

[107] E. Bd. 4, S. 25.

Urteil [108], das die Frage betrifft, ob die Helfer in Steuersachen in der britischen Zone im Berufsverkehr frühere Amtsbezeichnungen gebrauchen dürfen, zu deren Führung sie an sich berechtigt sind, stellt der Bundesfinanzhof einleitend fest, daß durch Art. 2 Abs. 1 das Grundrecht auf freie Entfaltung der Persönlichkeit des einzelnen festgelegt sei. „Die Schöpfer des Grundgesetzes haben nach den Erfahrungen der vorangegangenen Zeit besonderen Wert auf die verfassungsmäßige Festlegung des Grundrechts der freien Entfaltung der Persönlichkeit gelegt, so daß eine Einschränkung insoweit nur dann angenommen werden kann, wenn die Ausübung des Grundrechts zu einem Verstoß gegen allgemein anerkannte sittliche Grundsätze führen würde." Es sei somit in Art. 2 Abs. 1 nur ein Verstoß gegen ein ethisches Grundgesetz gemeint [109]. Damit kann der Bundesfinanzhof [110] denn auch, ohne auf die streitige Auslegungsfrage zu Art. 2 Abs. 1 einzugehen, feststellen, daß Art. 2 Abs. 1 dem Gesetzgeber jedenfalls nicht allgemein die Erhöhung der Einkommen- und Körperschaftsteuer verbiete [111].

Zusammenfassend ist somit zu bemerken, daß von den oberen Bundesgerichten eine einheitliche klare Stellungnahme zur Auslegung des Art. 2 Abs. 1 weit weniger gefunden ist als in der Rechtsprechung des Bundesverfassungsgerichts. Immerhin neigt doch die Mehrheit dieser Gerichte der Auffassung des Bundesverfassungsgerichts zu, wenngleich wohl in den Entscheidungen des Bundesgerichtshofs sowie gelegentlich auch des Bundesfinanzhofs der Persönlichkeitskerntheorie der Vorzug gegeben wird.

VI. Entsprechende Beispiele aus der Rechtsprechung der höheren Ländergerichte

Daß angesichts der Autorität des Bundesverfassungsgerichts, u. U. auch wohl um dessen späterer Anrufung vorzubeugen, die höheren *Gerichte der Länder* weithin der hier gekennzeichneten Rechtsprechung folgen, dafür seien charakteristische Entscheidungen als Beweis herangezogen.

[108] BFinH E. Bd. 58, S. 310.

[109] Vgl. Jahrbuch des Öffentlichen Rechts, N. F. Bd. 1, 1951, S. 57.

[110] E. Bd. 57, S. 661.

[111] Die Entscheidungen des Bundesfinanzhofs Bd. 58, S. 340, Bd. 59, S. 77 ff., Bd. 68, S. 318 ff. und Bd. 69, S. 33 ff. erwähnen zwar Art. 2 Abs. 1 GG, nehmen jedoch zu seinem Bedeutungsgehalt keine Stellung.

Ein Beschluß des *Bayrischen Verwaltungsgerichtshofs*[112] erklärt sogar eine solche Nebensächlichkeit wie ein allgemeines Verbot von Gold- und Silberschrift auf Grabsteinen in einer gemeindlichen Grabordnung als mit dem in Art. 2 Abs. 1 GG gewährleisteten Recht auf freie Entfaltung der Persönlichkeit für unvereinbar. Inkonsequenterweise wird ein solcher Verstoß aber offenbar nicht angenommen, wenn die Gold- und Silberschrift nicht aufdringlich oder dem Charakter des Friedhofs nicht abträglich ist; in dieser Einschränkung, die nichts mit den Rechten anderer, der verfassungsmäßigen Ordnung oder dem Sittengesetz zu tun hat, zeigen sich die ganze Brüchigkeit und die unmöglichen Konsequenzen der Lehre des Bundesverfassungsgerichts. In seinem das gleiche Problem behandelnden Urteil vom 18. Mai 1960 betont der Bayr. Verwaltungsgerichtshof[113] im bewußten Anschluß an die Rechtsprechung des Bundesverfassungsgerichts, „daß die Rechtsprechung das Grundrecht der freien Entfaltung der Persönlichkeit (Art. 2 Abs. 1 GG) nicht in seinem Wesensgehalt antasten darf[114], daß durch dieses Grundrecht nicht nur der engste Kernbereich der menschlichen Persönlichkeit, sein Wesen als geistige und sittliche Person, sondern grundsätzlich die menschliche Handlungsfreiheit selbst geschützt und ihre Entfaltung gewährleistet ist ... und daß überhaupt bei der Bedeutung, die dem Grundrecht des Art. 2 Abs. 1 zukommt, und nach der gesamten Auffassung des Grundgesetzes die freie menschliche Persönlichkeit der oberste Wert ist (BVerfG. E. Bd. 7 S. 377)“. Hier offenbart sich die ganze Tragweite der neueren Entscheidung des Bundesverfassungsgerichts, wenn – entgegen der sittlich gebundenen freien Persönlichkeit in der Wertordnung des Grundgesetzes – das Recht zu tun und zu lassen, was man will, zum Gegenstand des Schutzes des Art. 2 Abs. 1 gemacht wird. Wenn dann in den weiteren Darlegungen in der Entscheidung des Bayr. Verwaltungsgerichtshofs auch anerkannt wird, daß die Freiheit durch die Rechte anderer, das Sittengesetz und die verfassungsmäßige Ordnung beschränkt ist, so tut das der Fehlerhaftigkeit des aus Art. 2 Abs. 1 herausgelesenen Prinzips keinen Abbruch. Denn während, wie oben gezeigt, das Bundesverfassungsgericht in seiner letztlich doch die Wertordnung des Grundgesetzes anerkennenden Gemein-

[112] *G. Ziegler*, Verwaltungsrechtsprechung (abgekürzt: VerwRSpr.) Bd. 12, 1960, S. 95. In der Tat ist auch diesem Beschluß zuzustimmen; nur kann er seine Stütze nicht in Art. 2 Abs. 1 GG finden.

[113] Vgl. VerwRpr. Bd. 12 (1960) S. 951, besonders S. 953 ff.

[114] Dabei steht – bei richtiger Auslegung – dieses Grundrecht überhaupt nicht unter dem allgemeinen Gesetzesvorbehalt, so daß Art. 19 Abs. 2 GG ausscheidet.

schaftsbezogenheit und Gemeinschaftsgebundenheit der Person[115] durch einen zweiten Fehler, nämlich die verfassungsmäßige Ordnung mit der Rechtsordnung zu identifizieren, zu meistens zutreffenden Ergebnissen gelangt, folgt ihm bei diesem Fehler der Bayr. Verwaltungsgerichtshof nicht. Unter Berufung auf *Maunz-Dürig*[116] anerkennt das Gericht richtig, daß „verfassungsmäßige Ordnung" mehr ist als der bloße allgemeine Gesetzesvorbehalt, weil „sonst die beiden anderen Schranken des Art. 2 Abs. 1 sinnlos ... wären"[117]. Da auch dieses Gericht die aus der fehlerhaften Auslegung des Hauptsatzes des Art. 2 Abs. 1 sich ergebenden Folgerungen nicht ziehen mag, andererseits aber auch den zweiten Fehler des Bundesverfassungsgerichts nicht begeht, versteigt es sich nun zu einer eigenen rechtsschöpferischen, in Wahrheit willkürlichen These[118]: „Die freie Entwicklung der Persönlichkeit kann ... unter dem Gesichtspunkt des Verstoßes gegen die verfassungsmäßige Ordnung grundsätzlich nur dann durch die Gesetze des Staates oder der sonst zur Rechtsetzung befugten Körperschaften beschränkt werden, wenn der Schutz und die Förderung von Gemeinwohlinteressen, die in der Verfassung selbst positiviert sind, eine Beschränkung erfordern. Nicht aber gestattet es die so verstandene Wendung ‚verfassungsmäßige Ordnung' in Art. 2 Abs. 1 GG den Gesetzgebern, schlechthin jegliches öffentliche Interesse und jeglichen öffentlichen Zweck unter Einschränkung des Grundrechts des Art. 2 Abs. 1 GG zu verfolgen." Ob nicht doch dem Bundesverfassungsgericht angesichts solcher Konsequenzen seiner Auslegung des Art. 2 Abs. 1 (Hauptsatz) Bedenken kommen sollten? Damit wird dann die Frage der polierten oder nichtpolierten Steine auf Friedhöfen zu einer Angelegenheit der freien Entfaltung der Persönlichkeit gemacht. Sollten dem Gesetzgeber angesichts der Wertordnung des Grundgesetzes mit ihrem von hohem Schwung getragenen Idealismus wirklich solche Banalitäten der Regelung würdig erschienen sein?[119]

Angesichts der Willkür bezüglich der Auslegungen, die die vorgenannten

[115] Vgl. am deutlichsten noch in BVerfG E. Bd. 4, S. 7.

[116] Grundgesetz Art. 2 Abs. 1, Anmerkung 17.

[117] Hier kommt es zu einer Lösung, um die sich auch *Nipperdey* (a. a. O., S. 791 ff.) nur mit teilweisem Erfolg bemüht.

[118] A. a. O., S. 954.

[119] Der Bayr. Verwaltungsgerichtshof (a. a. O., S. 955) hat dieses von mir in der oben erwähnten Festschrift für Rudolf Laun (S. 673) angeführte Argument zwar grundsätzlich zustimmend in seine Beweisführung mit aufgenommen, meint aber, all das ändere nichts daran, daß „das Grundgesetz in den Individualrechten einen höheren Wert als in den Ansprüchen der Gemeinschaft sieht", was m. E. in dieser Allgemeinheit nicht zutrifft und nur auf der Fehlauslegung im Hinblick auf die „allgemeine Handlungsfreiheit" beruht.

Entscheidungen des Bayr. Verwaltungsgerichtshofs zulassen, scheint mir in der Entscheidung des *Oberverwaltungsgerichts in Münster* vom 4. Mai 1957[120] insofern eine annehmbare, dem Wesen der Grundrechte als Abwehrrechte entsprechende Regel gegeben, als dort ein positiver Anspruch des Bürgers auf ein Tun des Staats, hier: auf Aufnahme in eine bestimmte höhere Schule, aus Art. 2 Abs. 1 GG abgelehnt wird.

Dagegen ist es m. E. bedenklich, mit dem *Oberverwaltungsgericht in Lüneburg*[121] in dem durch Art. 2 Abs. 1 GG gewährleisteten Recht auf freie Entfaltung der Persönlichkeit auch die Befugnis, Waffen zu tragen, abzuleiten. Gewiß mag in der Zeit des Rittertums das Recht zum Waffentragen zum Wesen des Ritters als geistig-sittliche Persönlichkeit innerhalb einer vorgegebenen hierarchischen Ordnung gehört haben, heute kann dies aus Art. 2 Abs. 1 nur dann herausgelesen werden, wenn man es mit der allgemeinen Handlungsfreiheit identifiziert.

Wenn das *Oberverwaltungsgericht von Rheinland-Pfalz* im Urteil vom 28. Oktober 1958[122] die gesetzlich begründete Zwangszugehörigkeit zur Notarkammer auch unter Berücksichtigung des Art. 2 Abs. 1 GG für zulässig erklärt, so nimmt es damit m. E. zu den hier bestehenden Streitfragen keine eindeutige Stellung. Denn einmal gibt es mit Recht zu, daß „in einem willkürlich übersteigerten Ausmaß Zwangsorganisationen des öffentlichen Rechts die freie Entfaltung der Persönlichkeit" – auch in dem von mir anerkannten engen Sinne – einzuschränken geeignet sind; andererseits erkennt es aber in der hergebrachten Existenz der körperschaftlichen berufsständischen Selbstverwaltung einen Bestandteil echter verfassungsmäßiger Ordnung, die Ausnahmen von der allgemeinen Handlungsfreiheit zuläßt. Überdies dient ja gerade diese Selbstverwaltung dem Eigeninteresse der Beteiligten, weil sonst der Staat selbst das regeln würde, was man jetzt der Selbstverwaltung überläßt und dadurch näher an die freie Persönlichkeit heranzieht.

Endlich sei noch das Urteil des *Oberverwaltungsgerichts Berlin*[123] vom 5. Oktober 1955 genannt, das zeitlich allerdings *vor* dem maßgeblichen Urteil des Bundesverfassungsgerichts liegt. Es handelt sich hier darum, ob ein verordnungsmäßig vorgesehener zwangsweiser Verkehrsunterricht für Ver-

[120] Amtl. Entsch. OVG E. Bd. 12, S. 247. – Ähnlich OVG *Berlin* (Amtl. Entsch. Bd. 6, S. 46) im Urt. v. 11. Juni 1959, wonach Leistungen der Fürsorge von Art. 2 Abs. 1 GG nicht betroffen werden, weil jene Vorschrift nur für die Abwehrfunktion des Staates gilt.

[121] Amtl. Entsch. OVG E. Bd. 15, S. 492, 495 (Urt. v. 12. Juli 1960).

[122] Amtl. Entsch. Bd. 7, S. 124.

[123] Amtl. Entsch. Bd. 4, S. 57 f.

kehrssünder gegen das Recht auf freie Entfaltung der Persönlichkeit verstößt. Nach meiner Ansicht berührt er überhaupt nicht dieses Recht. Das Oberverwaltungsgericht hilft sich dadurch, daß es hier auf die Ausnahme des Soweit-Satzes des Art. 2, nämlich auf den Verstoß gegen „die verfassungsmäßige Ordnung", verweist. Dabei setzt es diese freilich nicht mit der Rechtsordnung gleich, sondern greift auf das Grundgesetz zurück, und zwar auf den „Schutz von Leben und Gesundheit" der Bevölkerung, dem die Maßnahme des Verkehrsunterrichts diene; damit handele es sich um ein im Grundgesetz zum Ausdruck gekommenes Ziel (vgl. Art. 2 Abs. 2 GG). Daher brauchte zu den hier in Betracht kommenden Streitfragen keine Stellung bezogen zu werden, und das ist m. E. gut so.

VII. Einfluß der Rechtsprechung des Bundesverfassungsgerichts auf die Literatur

Naturgemäß ist der *Einfluß der Rechtsprechung des Bundesverfassungsgerichts auf die Literatur geringer* als auf die oberen Bundes- und Landesgerichte, weil diese fürchten müssen, daß ihre Entscheidungen gegebenenfalls im Wege der Verfassungsbeschwerde vor das Bundesverfassungsgericht kommen und dann, insoweit es um das Grundrecht des Art. 2 Abs. 1 GG geht, aufgehoben werden. Das Schrifttum steht dem gegenüber freier. Nach dem Thema kann eine Erörterung der Literatur zu Art. 2 Abs. 1 GG nicht Gegenstand dieses Vortrags sein, würde auch den zeitlich gesetzten Rahmen sprengen. Nur zusammenfassend soll kurz berichtet werden, wobei die verschiedenen Spielarten der einzelnen Ansichten[124] ganz außer Betracht bleiben müssen.

[124] Eine solche Spielart liegt in der irrigen Meinung, daß, wenn Art. 2 Abs. 1 im Sinne der Persönlichkeitskerntheorie ausgelegt werde, sich die freie Entfaltung der Persönlichkeit *nicht* auf den Menschen in seiner *wirtschaftlichen* Funktion erstrecke. Etwas Derartiges habe *ich* jedenfalls nie behauptet: Dort, wo das Wirtschaften als Teil der freien Persönlichkeitsentfaltung hervortritt, ist der Mensch auch durch Art. 2 Abs. 1 geschützt, nicht aber dort, wo er im Wirtschaftsleben tun und lassen möchte, was er will, z. B. bei jedweder Art von Werbung. Wenn *Dürig* (vgl. *Maunz-Dürig*, a. a. O., S. 12) aus der Verkennung dieses Unterschiedes zur *extensiven* Auslegung des Art. 2 Abs. 1 gelangt, so scheint mir seine Argumentation, die die Dinge im Wirtschaftsbereich zu wenig differenziert, nicht überzeugend. Nebenbei bemerkt, liegt es im kulturellen und sozialen Bereich nicht anders. Vgl. hierzu *Dürig*, Die Menschenauffassung des Grundgesetzes, in Jurist. Rundschau 1952, S. 259 ff., 262, ferner „Der Grundrechtssatz von der Menschenwürde" i. Arch. öff. R. Bd. 81, S. 117 ff., 139, weiterhin „Art. 9 GG in der Kartellproblematik" i. NJW 1955, S. 729 ff., 730, schließlich „Grundrechte und Zivilrechtsprechung" i. Festschrift f. Nawiasky 1956, S. 157 ff.

Unter den zusammenfassenden Darstellungen und Kommentaren zum Grundgesetz stehen *v. Mangoldt-Klein*[125] auf dem Standpunkt der von mir vertretenen restriktiven Auslegung. Hier ist zutreffend festgestellt, daß Art. 2 Abs. 1 zwar auch die Grundlage für die wirtschaftliche Betätigung bildet, diese aber nicht zum Gegenstand hat. In der Grundauffassung wird ausdrücklich meinen Darlegungen zugestimmt.

Zinn-Stein[126] stellen für die insoweit gleichlautende hessische Verfassung dasselbe fest und meinen, der Begriff der Freiheit im Sinne dieser Verfassungsnorm werde von einem Menschenbild bestimmt, das mit einem schrankenlosen Individualismus ebenso unvereinbar sei wie ein die eigenständige Persönlichkeit leugnender Kollektivismus.

Hamann[127] folgt heute der Ansicht des Bundesverfassungsgerichts.

Maunz[128] meint, daß in Art. 2 Abs. 1 GG die Freiheit des Handelns gemeint sei, billigt aber nicht die Identifizierung von Rechtsordnung und „verfassungsmäßiger Ordnung". Er gelangt damit zu der oben bereits behandelten Ansicht von *Nipperdey*[129].

Der sogenannte *Bonner Kommentar*[130] identifiziert eindeutig das Recht auf freie Entfaltung der Persönlichkeit mit der allgemeinen Handlungsfreiheit in den verschiedensten Lebensgebieten und versteht – ähnlich wie später das Bundesverfassungsgericht – „unter verfassungsmäßiger Ordnung die dem Wechsel der Zeit unterworfene, jeweils gültige Rechtsordnung".

Wie angesichts der vorstehend wiedergegebenen Auffasung seiner beiden Autoren nicht anders zu erwarten, folgt der Kommentar zum Grundgesetz von *Maunz-Dürig*[131] der Auffassung des Bundesverfassungsgerichts insoweit, als dieses das Recht auf freie Entfaltung der Persönlichkeit mit dem Recht auf die allgemeine Handlungsfreiheit identifiziert; lediglich hinsichtlich der Auslegung des diese Freiheit einschränkenden Begriffs der „verfassungsmäßigen Ordnung" finden sich wesentliche Abweichungen[132].

Bei der Ausführlichkeit der Fundstellen zu den verschiedenen Meinungen in den Kommentaren von *v. Mangoldt-Klein* und *Maunz-Dürig* bedarf es

[125] Vgl. *v. Mangoldt-Klein*, Das Bonner Grundgesetz, 2. Aufl., S. 173.

[126] Die Verfassung des Landes Hessen. Kommentar 1954, S. 109.

[127] Das Grundgesetz. Kommentar, 2. Aufl., 1961, zu Art. 2.

[128] Deutsches Staatsrecht, 11. Aufl., 1962, S. 99.

[129] i. *Bettermann-Nipperdey*, Die Grundrechte Bd. 4, 1. Halbbd. 1962, S. 770 ff., bezüglich der Auslegung der Worte „verfassungsmäßige Ordnung" S. 791 ff.

[130] *Wernicke* i. Bonner Kommentar Anm. II 1 a, b zu Art. 2, S. 2.

[131] *Maunz-Dürig*, Das Grundgesetz. Kommentar ab 1959, Anm. II 2c zu Art. 2 Abs. 1, S. 10.

[132] Vgl. *Maunz-Dürig*, a. a. O., Anm. III 3, besonders d, S. 19 ff.

keiner neuen Literaturzusammenstellung; nur einige weitere Autoren seien hier noch erwähnt, die eine klare Meinung nach der einen oder anderen Seite vertreten. Einer mehr *restriktiven* Auslegung, wie ich sie für richtig halte, folgen z. B. *Abendroth*[133], *Bachof*[134], *Fischerhof*[135], *Hamel*[136], *Walter Jellinek*[137] und *Schüle*[138], wobei freilich zu bemerken ist, daß die meisten dieser Autoren ihre Ansicht zeitlich *vor* der oben erwähnten grundlegenden Entscheidung des Bundesverfassungsgerichts[139] geäußert haben. Einer *extensiven* Auslegung folgen dagegen, außer den oben genannten Autoren, *Forsthoff*[140], *E. R. Huber*[141], *Ipsen*[142], *H. Krüger*[143], *Larenz*[144], *Laufke*[145], *Meyer-Cording*[146], *Scheuner*[147], *Strickrodt*[148], *Werhahn*[149], *Wertenbruch*[150] und *Wintrich*[151].

[133] Diskussionsbeitrag i. Veröffentlichungen der Vereinigung der Deutschen Staatsrechtslehrer, Heft 11, 1954, S. 141.

[134] Mir zustimmend anläßlich der Besprechung der Festschrift für Laun i. Die Öffentliche Verwaltung, 1954, S. 352, dagegen *Bachof* der herrschenden Lehre folgend i. Bettermann-Nipperdey-Scheuner, Die Grundrechte, Bd. 3, Halbbd. 1, S. 167.

[135] i. Das Investitionshilfegesetz als Lenkungsgesetz i. Neue Juristische Wochenschrift, 1952, S. 919 ff.

[136] Unter Bezugnahme auf eine Entscheidung des OLG Schleswig (Schlesw.-Holst.-Anz. 1954, S. 361) i. „Die Bedeutung der Grundrechte im sozialen Rechtsstaat" S. 31, ferner Fußnote 23, S. 34, folgt der Verf. der Persönlichkeitskerntheorie, ebenso i. Deutschen Verwaltungsblatt 1957, S. 619 in einer Besprechung des Urteils des BGH v. 2. April 1957.

[137] Diskussionsbeitrag i. Veröffentlichungen der Vereinigung der Deutschen Staatsrechtslehrer Heft 11, 1954, S. 124.

[138] Ebendort (wie in voriger Anmerkung) im Referat S. 75 ff., 85.

[139] BVerfG Bd. 6, S. 36 ff.

[140] i. Der Betriebsberater 1953, S. 421.

[141] Wirtschaftsverwaltungsrecht Bd. 1, 1953, S. 660 f.

[142] Arch. öff. R. Bd. 78, S. 310.

[143] Gegen meine Auffassung i. Neue Juristische Wochenschrift 1955, S. 202.

[144] i. Neue Juristische Wochenschrift 1955, S. 521.

[145] Vertragsfreiheit und Grundgesetz i. Festschrift f. Heinrich Lehmann 1956, S. 145 ff.

[146] Die Rückwirkung von Gesetzen i. Juristen-Zeitung 1962, S. 164.

[147] Referat: Die staatliche Intervention im Bereich der Wirtschaft i. Veröffentlichungen der Vereinigung der Deutschen Staatsrechtslehrer, Heft 11 (1954), S. 1 ff., 59, 61, 72, ferner Rechtsgutachten „Berufsständische Versorgungseinrichtungen und Grundgesetz 1954, S. 30 f.

[148] Das Kartellverbot in verfassungsrechtlicher Betrachtung i. Neuer Juristischer Wochenschrift 1955, S. 1699.

[149] i. Arch. öff. R. Bd. 82, S. 250 ff.

[150] i. Deutsches Verwaltungsblatt 1958, S. 483 ff.

[151] „Zur Auslegung und Anwendung des Art. 2 Abs. 1 GG" i. Festschrift für Willibald Apelt 1958, S. 1 ff.

VIII. Zusammenfassende eigene Kritik

Zum Schluß dieser die wichtige Rechtsprechung des Bundesverfassungsgerichts in den Mittelpunkt stellenden Darstellung sollen noch einige kritische Bemerkungen angefügt werden, da es ja darum geht, auf Grund des ausgebreiteten Materials meine bisherige Ansicht kraft neuer Einsicht aufzugeben oder mangels neuer Überzeugung sie auch weiterhin aufrechtzuhalten und zu verteidigen. Eine solche Verteidigung kann hier natürlich nur in gebotener Kürze erfolgen und muß einer späteren Abhandlung vorbehalten werden.

1. Wie gezeigt, ist die Rechtsprechung nicht einheitlich. Die Autorität des Bundesverfassungsgerichts überstrahlt alle anderen Auffassungen so stark, daß eine Opposition dagegen nur dann Aussicht auf Erfolg verspricht, wenn Bundesgerichtshof und Bundesfinanzhof ihre wohl zunächst noch abweichende Auffassung mit Hilfe der Wissenschaft weiter ausbauen. § 31 BVerfGG steht dabei nicht im Wege.

2. Deutlich zu machen ist, worin sich *beide Ansichten unterscheiden.* Das Bundesverfassungsgericht und seine Anhänger identifizieren das Recht auf freie Entfaltung der Persönlichkeit mit dem Recht auf allgemeine Handlungsfreiheit. Diese genösse damit am Anfang des Grundgesetzes gleich nach der Menschenwürde des Art. 1 besonders ausgezeichneten verfassungsrechtlichen Schutz.

Ich war und bin der Auffassung, daß Art. 2 Abs. 1 GG – wie zahlreiche andere Bestimmungen des Grundgesetzes – nur geschichtlich verständlich werden [152], wenn man sie auf den Hintergrund der Weimarer Reichsverfassung projiziert. Die Weimarer Republik ist nicht zuletzt an ihrer Wertneutralität und an ihrer Formalisierung der Demokratie gescheitert. Daher hat sich das Grundgesetz von dieser Wertneutralität abgewandt. Der Persönlichkeitsbegriff, der ihm zugrunde liegt, ist nicht irgendwie aus dem zivilrechtlichen Begriff der Person zu gewinnen [153]. Im Persönlichkeitsbegriff des Grundgesetzes [154] schwingt zwar die liberalindividualistische Gedankenwelt des 19. Jahrhunderts noch mit, wie sie als Konsequenz der vorangegangenen Ausprägung der Persönlichkeit durch Reformation, Humanismus, Renais-

[152] Vgl. *H. Peters,* „Auslegung der Grundrechtsbestimmungen aus der Geschichte" i. Historisches Jahrbuch 1953, S. 457 ff.

[153] Das hat auch *Westermann* in dem oben erwähnten Vortrag jedenfalls für Art. 2 Abs. 1 GG nicht versucht.

[154] Die Materialien zum GG geben dazu nicht viel her.

sance, Rationalismus und schließlich politisch durch den Liberalismus entwickelt worden ist; aber gerade die einschränkende Formulierung des Soweit-Satzes deutet darauf hin, daß hier dem Persönlichkeitsbegriff offenbar Schranken immanent sind, wie sie aus der sozialen Gedankenwelt des Grundgesetzes („Sozialstaat im Sinne dieses Grundgesetzes") und aus der damals einflußreich gewesenen christlichen Komponente sich ergeben. Dem Persönlichkeitsbild des Grundgesetzes entspricht ein bestimmtes Menschenbild, das im bewußten Gegensatz zu allen damals als aktuell empfundenen kollektivistischen Konstruktionen, insbesondere durch Nationalsozialismus und Kommunismus, aber nicht minder auch zum individualistischen Liberalismus steht, welch letzterer im Parlamentarischen Rat bekanntlich mit der schwächsten weltanschaulich gebundenen Gruppe vertreten war. Der durch Gemeinschaftsideale gebundene, heteronom, nämlich vor Gott verantwortliche Mensch, der gegenüber der Gemeinschaft durch Recht und soziale Verpflichtungen gebunden und der Anwendung des Gleichheitssatzes im politischen und gesellschaftlichen Bereich unterworfen ist, liegt dem Menschenbild des Grundgesetzes zugrunde. „In der Stufenfolge Individualismus – Personalismus – Kollektivismus hält demnach das Grundgesetz die mittlere Linie des Personalismus[155] inne[156]." Im Zweifel steht in der Wertfolge des GG die Freiheit *vor* der Gleichheit. Das folgt nicht nur formal aus der Voranstellung des Rechts auf freie Entfaltung der Persönlichkeit *vor* dem Gleichheitssatz des Art. 3, sondern schon äußerlich auch daraus, daß der weiteren Ausgestaltung der Freiheit mindestens 16 Artikel des Grundgesetzes gewidmet sind.

Jedem, der den Nationalsozialismus bewußt miterlebt hat und der die Augen für das öffnet, was jenseits des Eisernen Vorhangs geschieht, wird offenbar, um welch hohes Gut es bei der freien Entfaltung der Persönlichkeit geht. Nicht die im klassischen Liberalismus geistig beheimatete, heute freilich wieder oft vertretene Freiheit, alles zu tun, was einem beliebt, kann daher der Sinn dieses Grundrechts auf freie Persönlichkeitsentfaltung sein, sondern das Recht jedes Menschen, seine „Persönlichkeit", die ihm eigene Wesensart, *sein* Menschentum zu entfalten, scheint mir als Gewährleistung aus dem System des Grundgesetzes zu folgen. Was der Schöpfer in den einzelnen als „Person" hineingelegt hat, das soll er aus sich zur „Persönlichkeit"

[155] „Person als zielstrebige Ganzheit". Vgl. *Max Scheler,* Der Personalismus in der Ethik 1916; *H. Adolph,* Personalistische Philosophie 1931; *Ch. Renouvier,* Le personalisme 1902; *William Stern,* Psychologie auf personalistischer Grundlage 1934.

[156] Vgl. *H. Peters* i. Festschrift f. R. Laun a. a. O., S. 671.

entfalten können. Seine menschlichen Anlagen, die zur freien Entfaltung kommen sollen, sind nicht auf einzelne Sachgebiete beschränkt; sie liegen im Ethischen, Kulturellen, Sozialen, Wirtschaftlichen usw., aber sie befinden sich in der höheren Ebene des Kernbezirks des Persönlichen. Deshalb kann Persönlichkeitsentfaltung nicht mit der allgemeinen Handlungsfreiheit identisch sein.

Wer unter der Persönlichkeitsentfaltung die allgemeine Handlungsfreiheit versteht, muß, da fast alle Gesetze diese beschränken, sie unter die Schranken *jedes Gesetzes* stellen lassen und entwertet sie damit. Nur wer hierunter etwas in der höheren Sphäre des Menschlichen Liegendes versteht, kann zwanglos die Einschränkungen des Soweit-Satzes verstehen. Jedenfalls schien und scheint mir bis heute eine solche Auslegung des Art. 2 Abs. 1 GG geboten.

3. Das Bundesverfassungsgericht selbst erschrickt vor den Konsequenzen seiner ursprünglichen These und schränkt diese mittels des Begriffs der „verfassungsmäßigen Ordnung“ bis fast ins entgegengesetzte Extrem ein. Die vom Liberalismus entscheidend beeinflußten Autoren vermögen ihm dabei nicht zu folgen und gelangen nun in die Situation, durch gewisse Auslegungskünste unhaltbare Ergebnisse zu revidieren. Die Entwertung des Rechts auf freie Entfaltung der Persönlichkeit hat nämlich juristisch zur Folge, daß nun, um nicht zu abwegigen Resultaten zu gelangen, nicht mehr nur als Grenzen das Rechtsstaats- und Sozialstaatsprinzip, sondern auch die Rechte anderer, die verfassungsmäßige Ordnung und das Sittengesetz im Soweit-Satz des Art. 2 Abs. 1 als Schranken anzusehen sind. Darüber hinaus muß nun noch die bereits erwähnte weite Auslegung des Begriffs „verfassungsmäßige Ordnung“ eine weitere wesentliche Einschränkung bieten, um eine praktikable Wirkung zu erzielen. *Ein* Fehler muß durch einen *anderen* kompensiert werden! An mehreren Stellen[157] verwendet das Grundgesetz die Worte „verfassungsmäßige Ordnung“ unbestrittenermaßen[158] im Sinne von „Grundlagen unseres Verfassungslebens“, und man kann dabei aus § 88 Strafgesetzbuchs entnehmen, welche „Verfassungsgrundsätze“ mindestens darunter fallen. Nun sollte ausgerechnet in dem wichtigen Art. 2 Abs. 1 der Begriff der „verfassungsmäßigen Ordnung“ etwas anderes bedeuten? Unser staatsrechtliches Rechtssystem unterscheidet klar die Abstufung: Rechtsordnung – Verfassungsmäßige Ordnung – Freiheitliche Demo-

[157] In Art. 9 Abs. 2, Art. 20 Abs. 3, Art. 28 Abs. 1, im aufgehobenen Art. 143. Ebenso auch § 90a StGB.

[158] Auch nach Ansicht des BVerfG.

kratische Grundordnung (letztere in Art. 18, Art. 21 GG erwähnt). Man kann nun meines Erachtens nicht eine Interpretation wählen, bei der man die „verfassungsmäßige Ordnung" im Grundgesetz einmal so, einmal anders auslegt [159]. Angesichts des auf der Hand liegenden Ausdrucks „Rechtsordnung" für das, was das Bundesverfassungsgericht in die „verfassungsmäßige Ordnung" hineinlegen will, erscheint es auch als formaler Auslegungsfehler so zu verfahren, wie es ein Teil unserer Gerichte tut. Die von jeher von mir bekämpfte gegenteilige Auffassung des Bundesverfassungsgerichts hat *Nipperdey* bereits so überzeugend widerlegt, daß hier darauf verwiesen werden kann.

4. Wichtiger als alle formaljuristischen Argumente, weil den Bürger selbst entscheidend berührend, ist zweierlei:

a) Wenn *jedes* verfassungsmäßige Gesetz die freie Entfaltung der Persönlichkeit einschränken kann, dann wird dieses so *wichtige Grundrecht auf freie Entfaltung der Persönlichkeit praktisch entleert* und – wie bei jedem anderen Gesetz – nur noch durch die *anderen* Grundrechte geschützt, verliert also seine Eigenständigkeit. Das scheint mir unerträglich, ist aber bei der Fehlauslegung durch Identifizierung mit der „allgemeinen Handlungsfreiheit" unvermeidlich.

b) Außer dieser Entwertung des wohl wichtigsten Grundrechts des ganzen Grundrechtskatalogs *verliert* das Recht auf freie Entfaltung der Persönlichkeit aber konsequenterweise dann *nochmals ein weiteres Stück seiner Bedeutung*, wenn die anderen Freiheitsrechte von Art. 4 an in ein Verhältnis der Spezialität zu Art. 2 Abs. 1 als generellem Gesetz gestellt werden. Das hat dann die eigentümliche Folge, daß die Schranken des Soweit-Satzes – wie der ganze Art. 2 Abs. 1 – insbesondere auch nicht für diejenigen nachfolgenden Grundrechte gelten können, die ihrerseits nicht ausdrücklich durch einfache Gesetze eingeschränkt werden. Wenn also jemand aus Glaubens- und Gewissensgründen Kannibalismus betreibt – etwa um die Leiche seines verstorbenen Vaters nicht der Verwesung anheimfallen zu lassen oder um dessen geistige Kräfte in sich aufzunehmen, weil er darin eine religiöse Pflicht erblickt –, so könnte er in Konsequenz der Auslegung des Art. 2 Abs. 1 durch das Bundesverfassungsgericht staatlicherseits daran kaum gehindert werden; denn die Ausübung der Religionsfreiheit darf nach Art. 4 durch kein Gesetz, nicht einmal durch ein Strafgesetz, eingeschränkt werden. Erst recht darf dann niemand, der aus religiösen Gründen die demokratisch-republikanische

[159] Hier stimme ich mit *Nipperdey* i. Grundrechte, a. a. O., S. 791 ff. völlig überein.

Staatsform aktiv bekämpft[160], staatlicherseits davon abgehalten werden. Wenn man dagegen mit mir den Art. 2 Abs. 1 GG in Fortsetzung der Anerkennung der Menschenwürde als die Grundlage *aller* Grundrechte ansieht, die dann lediglich auf Grund geschichtlicher Erfahrungen für die einzelnen Freiheiten noch zusätzlich genauer umschrieben und für die Alltagspraxis anwendbar gemacht werden, dann ergibt sich zwanglos – und sicher im Sinne der Verfassung –, daß auch *alle* folgenden Grundrechte den Beschränkungen des Soweit-Satzes des Art. 2 Abs. 1 ebenso unterliegen wie das Stammrecht auf freie Entfaltung der Persönlichkeit, aus dem alle weiteren Grundrechte entsprossen sind. Das würde für obige Beispiele bedeuten, daß der Kannibale durch *kein* Grundrecht geschützt ist, weil Menschenfresserei gegen das abendländische „Sittengesetz" verstößt und daß der Kampf gegen die demokratisch-republikanische Staatsform verboten ist, weil er sich gegen die – nun *nicht* mit der „Rechtsordnung" identifizierte – „verfassungsmäßige Ordnung" richtet, Sittengesetz und verfassungsmäßige Ordnung aber die freie Entfaltung der Persönlichkeit nach Art. 2 Abs. 1 beschränken dürfen.

IX. Schlußwort

Damit hoffe ich, das in Rede stehende Problem an einer Vielzahl zitierter Gerichtsentscheidungen und durch meine teils bereits eingeflochtene, teils am Schluß zusammengefaßte Kritik verdeutlicht zu haben. Zugleich dürfte dabei auch dem Nichtjuristen offenbar geworden sein, daß es hier nicht um juristische Spitzfindigkeiten, sondern um das m. E. wichtigste Menschenrecht geht, das unser Grundgesetz an die Spitze aller Grundrechte gestellt hat. Art. 1 GG, der von der Menschenwürde handelt, ist kein Grund*recht,* sondern Grundlage und Ausgangspunkt *für* die Grundrechte. Das Recht auf freie Entfaltung der Persönlichkeit weder durch grenzenlose Ausweitung des Sinnes des ersten Halbsatzes von Art. 2 Abs. 1 GG noch durch sinnwidrige Einschränkung mittels der Identifizierung der „verfassungsmäßigen Ordnung" mit der gesamten Rechtsordnung zu bagatellisieren, vielmehr in seiner Bedeutung zu erhalten, müßte unser aller politisches und menschliches Interesse sein. Es darf nicht *unter,* d. h. tiefer als die anderen Grundrechte gestellt werden.

[160] Bekanntlich wurde bis ins 20. Jahrhundert hinein nicht selten die Lehre von der Volkssouveränität als unchristlich bezeichnet, weil sie angeblich den Volkswillen *über* den Willen Gottes stelle; vgl. *H. Peters,* Art. „Demokratie" i. Staatslexikon der Görresgesellschaft, Bd. 2 (1958) S. 591.

Summary

Article 2, Section I of the Fundamental-Law reads:

"Every person has the right to the free development of his personality as long as he does not infringe on the rights of others and does not contravene constitutional order or the morality code."

The purpose of the lecture is to give validity to the significance of this basic regulation, since some literature and the jurisdiction of highest courts have interpreted this sentence too relatively. This example can illustrate the dangers of a positivism of human and basic rights of men, inasmuch as the legal formulation tends all too easily to let these ethically established conceptions which are based on historically founded ideas be interpreted by a generation of lawyers taught with a positive approach towards Civil Law.

Under the direction of the Federal Constitutional Court – most prominent in the decision of 16 January 1957 (official records and decisions, vol. 6, on and from page 32) – the constitutional article was given an interpretation which was opposed in a double sense by the author in his statements. Whereas the Federal Constitutional Court identified the right to free development of personality with the individual's right to do everything he wishes, the author advocates that this right, evolved from the experience of national socialism and communism, ought to be confined to the development of genuine human character or, in plainer words, to the essence of personality, because the great ethical significance of this basic right would otherwise be sacrified to pure individualism.

The Federal Constitutional Court comprehends the right to free development of personality so extensively that it must now expand the limits expressed in the second half of the sentence a great deal farther than afforded by the text, if extravagant claims according to the Fundamental-Law are not to be legitimated.

Whereas in other passages of the Fundamental-Law, the words "constitutional order" are interpreted to mean that hereby the essential basic standards of that law are to be understood, the Federal Constitutional Court has identified "constitutional order" with "legal order". Thus every simple law constitutionally derived can restrict the right to the free development of personality. In its final result, therefore, the effect of the jurisdiction of the Federal Constitutional Court is that the principle of the proviso in the law is obscurely formulated, and that therefore the essence of personality does not enjoy the protection which, according to the author, it should receive by virtue of article 2, section I.

At the commencement of the work, in the interpretation of paragraph 31 of the Federal Constitutional Court Law of 12 March 1951, whereby decisions by the Federal Constitutional Court are binding upon constitutional organs of the Federation and of the "Laender" and all courts and authorities, the extent of this binding effect is studied in closer detail. As the reasons for a decision do not have this effect, it is in the opinion of the author not necessary to acknowledge such a binding effect in the case of the Federal Constitutional Court's interpretation of article 2, section I.

Nevertheless, the work studies the position of other superior courts in relation to the jurisdiction of the Federal Constitutional Court. It is shown that the Federal Administrative Court, the Federal Social Court and the Federal Labour Court, as far as they show a clear position at all, follow in essence the Federal Constitutional Court's interpretation of article 2, section I; on the other hand, the Federal Law Court and the Federal Finance Court align themselves appreciably closer to the personality's essence theory maintained by the author. The superior courts of the "Laender" are strongly influenced by the jurisdiction of the Federal Constitutional Court.

However, a study of relevant literature reveals both opinions, with various modifications. While some recognize the Federal Constitutional Court's interpretation, and others agree with the author's viewpoint, there is between the two an interpretation, recently treated most thoroughly by Nipperdey, according to which the right to free development of the personality indeed includes the right to any desired act or omission, but in general it cannot be restricted by all constitutionally derived laws. This part of the sentence commencing "as long as" is thus correctly interpreted, although those holding this opinion may encounter difficulties if they extend the constitutionally secured right to free development of the personality so far that it includes, for example, the entire social market economy, contractual liberty, etc. under such a far-reaching constitutional legal protection.

Résumé

L'art. 2 § I de la Constitution est conçu dans les termes suivants:

« Toute personne a droit au libre développement de sa personnalité, dans la mesure où elle ne porte pas atteinte aux droit d'autrui et ne commet pas d'infraction à l'ordre constitutionnel ou à la loi morale. »

On désire par l'exposé mettre en valeur ce précepte fondamental dans sa signification depuis qu'une partie de la littérature et la jurisprudence des tribunaux suprêmes ont rendu cette phrase trop relative par leur interprétation. Cet exemple peut également montrer les dangers d'une interprétation positiviste des droits fondamentaux de l'homme, car la formule juridique conduit trop facilement à abandonner des notions de valeurs ancrées dans une histoire des idées et une morale à l'interprétation d'une génération de juristes formés à une école positiviste en ce qui concerne le Droit Civil. Sous la direction du Tribunal Constitutionnel de la Fédération – et le plus nettement dans la décision du 16 janvier 1957 (série des décisions officielles T. 6 p. 32 et suivantes) – fut donnée une interprétation de l'article de la Constitution précité à laquelle l'auteur s'oppose à un double point de vue dans ses développements. Tandis que le Tribunal Constitutionnel de la Fédération identifie le droit au libre développement de la personnalité avec le droit de faire tout ce qui plaît, l'auteur prend le parti de limiter ce droit élaboré à partir des expériences que l'on a faites avec le national-socialisme et le communisme à l'épanouissement de la véritable humanité ou plus nettement encore au noyau de la personnalité, car autrement la haute acception morale de cette loi fondamentale devient la victime d'un individualisme absolu.

Comme le Tribunal Constitutionnel de la Fédération conçoit le droit au libre développement de la personnalité d'une façon extrêmement large, il doit alors, pour ne pas légitimer des prétentions illimitées en se fondant sur la Constitution, reculer beaucoup plus loin que la formule ne le permet les bornes contenues dans la seconde moitié de la phrase. Tandis qu'à d'autres endroits de la Constitution les mots « ordre constitutionnel » sont interprétés de telle façon qu'il faut par là entendre les normes fondamentales les plus importantes de la Constitution, le Tribunal Constitutionnel de la Fédération identifie ici « l'ordre constitutionnel » avec « l'ordre juridique », ce veut dire « avec le totalité des lois ». Par là toute simple loi décrétée par la Constitution peut limiter le droit au libre épanouissement de la personnalité. Il résulte finalement de la jurisprudence du tribunal constitutionnel de la Fédération que dans l'article 2 § 1 est formulé purement et simplement d'une façon indirecte le principe de la restriction de la loi et que de ce fait le noyau de la personnalité ne jouit pas de la protection qu'il devrait obtenir selon l'avis de l'auteur précisément par l'art. 2 § 1.

Au début du travail à propos de l'interprétation du § 31 de la loi du Tribunal Constitutionnel de la Fédération du 12 mars 1951 selon laquelle les décisions du Tribunal Constitutionnel de la Fédération obligent les organes constitutionnels de la Fédération et des Etats comme tous les tribunaux et tous les pouvoirs publics, est discutée d'une façon plus détaillée l'étendue de cet effet d'obligation. Comme les *fondements* d'un jugement n'ont pas cet effet, on n'a pas besoin d'accorder à l'interprétation du Tribunal Constitutionnel de la Fédération à propos de l'art. 2 § 1 un tel effet d'obligation.

Néanmoins on examine encore dans le travail l'attitude d'autres tribunaux supérieurs à l'égard de la jurisprudence du Tribunal Constitutionnel de la Fédération. De là résulte que la juridiction administrative fédérale, la juridiction sociale fédérale et la juridiction fédérale du travail, dans la mesure où elles laissent apparaître en général une position particulière et claire, suivent pour l'essentiel l'interprétation de l'art. 2 § 1 établie par le Tribunal Constitutionnel de la Fédération, tandis que la Cour fédérale suprême et la Cour des comptes se tiennent bien plus près de la théorie du noyau de la personnalité soutenue par l'auteur. Les tribunaux supérieurs des Etats sont fortement influencés par la jurisprudence du Tribunal Constitutionnel de la Fédération.

Dans la littérature au contraire les deux opinions se trouvent avec différentes modifications. Tandis que les uns suivent la conception du Tribunal Constitutionnel de la Fédération et que les autres s'accordent à l'interprétation de l'auteur, il existe entre ces deux opinions une conception récemment traitée d'une façon très détaillée par Nipperdey selon laquelle le droit au libre développement de la personnalité contient, il est vrai, le droit à n'importe quelle action ou n'importe quelle omission sans que cela puisse pourtant en général être restreint par toutes les lois décrétées par la Constitution. Une juste interprétation est par là donnée à la phrase commençant par :

« dans la mesure où ». Les adeptes de cette conception pourraient pourtant rencontrer des difficultés s'ils étendent aussi loin le droit au libre développement de la personnalité assuré par la Constitution et placent à peu près toute l'économie commerciale sociale, la liberté de contrat et d'autres choses encore sous une protection du droit constitutionnel d'une si grande portée.

Diskussion

Professor Dr. jur. Gerhard Kegel

Lediglich um das Eis zu brechen, nicht um mich fundamental zur Sache zu äußern, möchte ich einige Worte sagen.

Mir scheint, Herr Peters, daß eigentlich unwiderleglich ist, was Sie gesagt haben. Ich könnte mir kaum denken, daß die Position des Bundesverfassungsgerichts einer rationalen Kritik dieser Art standhalten könnte, wenn nicht vielleicht andere Interessen dahinterstehen, die zu dieser Rechtsprechung geführt haben. Wenn ich an das denke, was Sie zuerst gesagt haben, so drängt sich zunächst die Meinung auf, es handele sich bei der Auslegung, die das Bundesverfassungsgericht dem Art. 2 des Grundgesetzes gibt, um eine Leerlaufformel, die, weil sie vorn ganz weit gefaßt ist, auch hinten entsprechend weit gefaßt werden muß, wie Sie das am Beispiel der beiden Fehler in der Mathematikarbeit dargelegt haben. Damit ist eigentlich materiell-rechtlich der Inhalt gleich Null.

Die Frage ist – und es schien mir angedeutet, aber ich bin mir nicht darüber im klaren, ob ich es richtig verstanden habe –, ob dann die Bedeutung auf der prozessualen Seite liegt, dergestalt nämlich, daß gegen sämtliche Urteile, die durch alle drei Instanzen gelaufen sind, unabhängig vom Rechtsschutz und den Voraussetzungen, die sonst für die Anrufung des Bundesverfassungsgerichts gegeben sind, jedermann sagen kann: Ich bin betroffen, d. h. in irgendeiner Form betrifft das Urteil meinen Aktionsradius. So wird das Bundesverfassungsgericht zur vierten Instanz schlechthin. Bei jeder Rechtsverletzung, die irgendwie meine Handlungsfreiheit berührt, muß die Möglichkeit gegeben sein, daß das Bundesverfassungsgericht darüber befindet und nun nicht den Art. 2 prüft – den kann es ja gar nicht prüfen, wie Sie geschildert haben –, sondern für sämtliche anderen Möglichkeiten, die in Betracht kommen, die Verfassungsmäßigkeit eines Rechtssatzes untersucht. Vielleicht ist es die Intention des Bundesverfassungsgerichts gewesen, sich einen großen Aktionsradius zu schaffen, der möglicherweise mit der Gewaltenteilung nicht mehr restlos zu vereinbaren ist.

Professor Dr. jur., Dr. jur. h. c. Hans Peters

Gewiß ist es vielleicht für ein Gericht unangenehm, wenn es glaubt, ein Antragsteller habe recht, ihn abweisen zu müssen, weil der betreffende Rechtsweg nicht gegeben ist. Mit der ausdehnenden Auslegung des Art. 2 Abs. 1 kann manchmal dem abgeholfen werden. In Wirklichkeit hat das Bundesverfassungsgericht, um zu der Entscheidung im 6. Bande zu kommen, ziemlich lange gerungen, zumal ja auch in der Literatur über diese Frage geschrieben worden ist. Es ist nicht so, als ob das Bundesverfassungsgericht plötzlich eine neue Idee aufgebracht hätte, die nicht vorher andere auch schon vertreten hätten. Das erste Gutachten eines unserer Kollegen – der Name spielt hier keine Rolle –, das mir zu diesem Punkt in die Hände gekommen ist, ging davon aus, daß bei einem polizeilichen Reklameverbot von dem Betreffenden diese polizeiliche Maßnahme mit der Begründung bekämpft wurde, er fühle sich in seinem Recht auf freie Entfaltung seiner Persönlichkeit bedroht, wenn er nicht diejenige Reklame machen dürfe, die er für richtig halte. Damit soll der Weg über das Bundesverwaltungsgericht und den Bundesgerichtshof hinaus zur Verfassungsbeschwerde beim Bundesverfassungsgericht freigemacht werden. Bis zum 6. Bande hat es unsere Kernfrage immer dahingestellt sein lassen. Ob man sich auf die eine oder die andere Lösung stützt, spielt auch keineswegs bei jeder Entscheidung eine Rolle. Immer ist nur die Art der Begründung entscheidend. Mir scheint eher, daß sich das Bundesverfassungsgericht durch die vor ihm auftretenden Parteien in diese Richtung hat drängen lassen, bis es sich zuletzt entschlossen hat, seine heutige Interpretation endlich einmal auszusprechen.

Der Anlaß war denn auch wichtig genug. Denn der Fall betraf einen vor wenigen Jahren noch sehr bekannten Politiker, dem man den Paß verweigert hatte. Diese Verweigerung des Passes war eine gewisse Sensation. Die Berufung auf das Recht der freien Entfaltung der Persönlichkeit, um an einem Kongreß mit bestimmter Tendenz teilzunehmen, greift durch, wenn man darunter die allgemeine Handlungsfreiheit versteht. Das scheint eine großzügige, dem Betroffenen scheinbar gerecht werdende Auslegung. Aber dann müßte man über viele Gesetze einfach hinweggehen. Das wiederum schien untragbar. So war es nun einfacher, den Weg über das Paßgesetz zu beschreiten, der sich durch die Identifizierung von verfassungsmäßiger und allgemeiner Rechtsordnung anbot. Damit wird das von den Vorinstanzen gefundene Endergebnis auch haltbar. Überdies wird man auf sehr einfache Weise der Notwendigkeit enthoben, jedesmal im einzelnen prüfen zu müssen, ob es in concreto um den Kern der Persönlichkeit geht. Denn es ist einfacher festzustellen: die allgemeine Handlungsfreiheit ist verletzt, als jedesmal zu prüfen, ob es um den Persönlichkeitskern, um das Menschentum einer Person geht, und dann weiter zu fragen: Gibt es einen Bestandteil der „Verfassung“ im materiellen Sinn, der die Grundlage unseres staatlichen Gemeinschaftslebens berührt? Oder bloß: Besteht hier ein gültiges formelles Gesetz?

Ich könnte mir denken, daß das Bundesverfassungsgericht die praktikablere Lösung gewählt hat. Dieses Motiv scheint mir psychologisch eher im Spiele zu sein als das von Herrn Kegel genannte.

Magnifizenz Professor Dr. jur. Hans Welzel

Ich bin auch kein Staatsrechtler, wie Herr Kegel; insofern frage auch ich mehr als Laie. Ich sehe den Grund, weshalb das Bundesverfassungsgericht darauf gekommen ist, den Art. 2 so auszuweiten, in den Konsequenzen, die sich aus den Gefahren der Positivierung der Grundrechte ergeben.

Die „Entfaltung der Persönlichkeit“ ist ein Novum unter den Menschen- und Bürgerrechten. In den amerikanischen und französischen Verfassungen des 18. Jahrhunderts gibt es sie noch nicht. Die amerikanische Menschenrechtserklärung enthielt ganz handfeste Dinge: Freiheit, Leben und vor allem Eigentum – ein Begriff, den besonders Locke verwendet. Die freie Entfaltung der Persönlichkeit ist wohl, wie mir scheint, ein Begriff, der sich aus dem Leibnizschen Postulat des „perfice te ipsum“ ergibt, das später vor allem von Wolff aufgegriffen worden war, während das 17. Jahrhundert es noch nicht kannte.

Sind nun ohnehin die Menschenrechte schwer faßbar, so gilt das vor allem von diesem Grundrecht der Entfaltung der Persönlichkeit. Sie, Herr Peters, haben von einer „höheren Sphäre des Menschen“ gesprochen. Ich möchte Ihnen durchaus nicht widersprechen. Aber wenn ich einmal die Position des Bundesverfassungsgerichtes einnehme, so würde ich Sie fragen, warum Sie nicht versucht haben, diese höhere Sphäre des Menschen ein wenig zu substantialisieren. Versucht man das, so kommt man allerdings auf jene Schwierigkeiten, die sich aus der Positivierung von Grundrechten ergeben:

Schon mit dem allgemeinsten Grundrecht, der Wahrung der Menschenwürde, hat unsere Verfassung der Judikatur eine schwere Frage aufgebürdet. Was nun die freie Entfaltung der Persönlichkeit anbetrifft, so muß man beachten, daß auch sie ein verhältnismäßig neues Gebiet ist und noch nirgends ausgeformt worden ist. Das war, wie mir scheint, der Grund, weshalb sich das Bundesverfassungsgericht auf eine neutrale Basis, die allgemeine Handlungsfreiheit, zurückgezogen hat. Übrigens findet sich das Prinzip der allgemeinen Handlungsfreiheit am deutlichsten bei Herbert Spencer formuliert: Jedermann kann das tun, was er will, sofern er nicht die Rechte anderer schmälert. Zwar hat Spencer geglaubt, dieser Grundsatz sei bereits bei Kant ausgesprochen, doch kann davon keine Rede sein. Ich würde nun meinen, daß diese „neutrale" Tendenz für das Bundesverfassungsgericht wesentlich mitbestimmend gewesen ist, um das Grundrecht der freien Entfaltung der Persönlichkeit *praktikabel* zu machen. Um aus einem m. E. nicht mehr zu definierenden Grundrecht heraus zu judizieren, hat man es soweit ausgedehnt, daß darunter alles fällt, und es hinterher wieder eingeschränkt. Das alles mag höchst anfechtbar sein, aber der Richter sieht sich vor die *praktische* Aufgabe gestellt, aus einer so diffizilen Sache, wie es das „höchste Glück der Erdenkinder", die freie Entfaltung der Persönlichkeit, ist, konkrete Rechtsfragen zu entscheiden.

Landtagsabgeordneter Wilhelm Henrichs

Als ich mich zu Wort meldete, habe ich es unter dem Eindruck getan, ich würde vielleicht der einzige sein, der etwa den Standpunkt des Bundesverfassungsgerichtes vertreten wollte. Jetzt höre ich die erste Gegenstimme, die bestimmt starke Überzeugungskraft hat. Ihre Ausführungen beruhen zu einem erheblichen Teil auf dem offenbaren Widerspruch, daß der großartige Ausdruck „Freie Entfaltung der Persönlichkeit" auch auf verhältnismäßig „kleine Fälle" angewandt wird. Ich meine, es wäre wirklich schön, wenn man diesen Ausdruck Freie Entfaltung der Persönlichkeit, der einen von der Menschheit großen Gegenständen anspricht, auf diese großen Gegenstände beschränken könnte.

Doch da kommt zunächst die Frage des Praktikablen. Wo ist die Unterscheidung? Sie machten öfter einen Unterschied zwischen dem Kern und einem gewissen Mantel, wie etwa bei dem Begriff der Selbstverwaltung in der Rechtsprechung des Bundesverfassungsgerichts. Ich glaube, hier käme es mehr darauf an, zwischen Persönlichkeitsentfaltung von einem gewissen menschlichen Rang oder einem besonderen ethischen Wert und einer solchen geringerer Art zu unterscheiden –, also nicht Kern und Außenrand, sondern

Höheres und Niederes, Großartigeres und Banales gegenüberzustellen. Diese Unterscheidung ist allerdings überaus schwer, und es gibt gerade von der Würde des Menschen her einen grundsätzlichen Einwand dagegen, nämlich den, daß die Würde des Menschen, soweit sie mit der Freiheit zusammenhängt – es gibt noch manche anderen Wurzeln dafür –, eben darin bestehe, tatsächlich das tun zu können, was man wolle, unabhängig davon, ob es wertvoll oder gleichgültig, hoch oder niedrig ist, so daß insofern die freie Entfaltung der Persönlichkeit in der Handlungsfreiheit gegeben sei, wobei natürlich wieder Grenzen, wie etwa in den Sittengesetzen, bestehen. Sie bezeichneten es als eine Entwertung, und das ist es ideell. Es ist eine Art Banalisierung, wenn man diesen großen Begriff „Entfaltung der Persönlichkeit" ausweitet in die allgemeine Handlungsfreiheit. Insofern ist es ideell tatsächlich eine Entwertung. Praktisch, also dem Erfolg der Rechtsprechung nach, ist es keine. Sie würden aber wahrscheinlich mehr Leute finden, die sagen, das Bundesverfassungsgericht habe sehr übertrieben und was es alles als unzulässige Beschränkung ansehe, gehe viel zu weit. Diese Ausweitung zur allgemeinen Handlungsfreiheit hat aber praktisch doch sehr zu einer Vergrößerung des Freiheitsschutzes beigetragen; im ideellen Wert ist es insofern problematisch, weil bei der tatsächlichen Handlungsfreiheit die Dinge, in denen die Menschen die Auswirkung ihrer Persönlichkeit sehen, auch dem Wert nach sehr verschieden sein können: Der eine drückt in wirklich großartigen Dingen seine Persönlichkeit aus, der andere etwa darin, ob er raucht oder nicht raucht, ob er trinkt oder nicht trinkt oder ob er faulenzt oder arbeitet.

Zur Praktikabilität ist eben schon gesagt worden, daß der des Schutzes natürlich ganz besonders würdige Kern oder Bestandteil von höherem Rang schwer zu definieren ist. Der praktische Konfliktfall tritt immer dann ein, wenn diese Freiheitssphäre – so oder so verstanden – durch irgendwelche Gesetze eingeengt wird. Ich weiß nicht, ob schon das Wort von dem Peripheren gefallen ist – jedenfalls meine ich, daß die periphere Methode, die nicht vom Kern her prüft, was würdig ist, geschützt zu werden, sondern vom Angriff her – was auf diese Freiheitssphäre zielt –, in gewissem Sinne einen konkreteren Anhaltspunkt bietet, also dem praktischen Bedürfnis des Einzelfalles mehr gerecht wird. Sie wird dem Sinn der Sache dann nicht gerecht – das waren Ihre Beispiele, in denen die Unverhältnismäßigkeit oder Absonderlichkeit des Gedankenganges am stärksten zum Ausdruck kam –, wenn die Einschränkung nicht aus Erwägungen bejaht oder verneint wird, daß sie wirklich vom Standpunkt der Gesamtheit her notwendig und berechtigt sei, sondern aus formalen Gründen, etwa aus Kompetenzzuständigkeiten, erfolgt. In diesem Falle geht die Entscheidung am Kern des Problems vorbei. Aber sonst kann meiner Ansicht nach tatsächlich die Prüfung vom einzelnen Angriff her – die periphere Prüfung – auch dem inneren Sinn der Bestimmung genauso gerecht werden wie die Prüfung vom Kern her, von der Würdigkeit und vom Rang des jeweils im einzelnen Fall angegriffenen bzw. verteidigten Persönlichkeitrechts her.

Ministerialdirigent Dr. jur. Kurt Kleinrahm

Im Mittelpunkt Ihrer Auslegungen, Herr Professor Peters, steht die Antimonie Handlungsfreiheit und Persönlichkeitsrecht; Sie sagten, glaube ich: Wesenskern des Menschen.

Nun bin ich der Auffassung, daß man bei der Beurteilung dieses Wesenskerns des Menschen es wohl nicht auf die Meinung jedweden Bürgers und seine Spezialinteressen abstellen kann, sondern auf eine höhere Auffassung abstellen muß, wie sie etwa in Ihren Worten und auch in den Entscheidungen des Bundesverfassungsgerichts zum Ausdruck kommt. Wenn man also wirklich von dem Kern ausgeht, den der Bundesgerichtshof in seinen Entscheidungen herausstellt und auf die Praxis des Bundesverfassungsgerichts gründet, dann scheint eines wichtig zu sein: Viele der Entscheidungen des Bundesverfassungsgerichts befassen sich zweifellos nur mit Fällen der Handlungsfreiheit und nicht mit der Persönlichkeitssphäre, die Sie im Auge haben. Geschieht das aber nicht in vielen Fällen, um gewisse Interessen der Persönlichkeit unter einen prozessualen Schutz des Bundesverfassungsgerichts zu bringen, vielleicht sogar legitim – ich denke insbesondere an die Vertragsfreiheit –? In vielen dieser Fälle, die Sie auch selber brachten, spielt die Vertragsfreiheit eine große Rolle, die Vertragsfreiheit, die ja kein Grundrecht ist, die in keinem Grundrecht angesprochen wird, die aber dennoch aus dem System der freien Marktwirtschaft heraus, aus den Grundsätzen des Art. 20 zu grundrechtsähnlicher Bedeutung kommen kann. Ist nun nicht der Weg des Bundesverfassungsgerichts insofern praktikabel und richtig, als es versucht, über den Begriff der Handlungsfreiheit diese Vertragsfreiheit speziell grundrechtsähnlich zu schützen? Sie werden mir wahrscheinlich zustimmen, Herr Professor Peters, daß Sie zu dem Wesenskern des Menschen wohl die Vertragsfreiheit selbst nicht rechnen würden. Ich glaubte das aus Ihren Ausführungen entnommen zu haben.

Es dürfte ein legitimes Anliegen sein, gerade die Vertragsfreiheit, die grundrechtlich nicht geschützt ist, auf diesem Umweg prozessual zu schützen und damit sehr viele Interessen zu wahren, die sonst bei strenger Auslegung nicht geschützt sein würden. Anderseits hatten Sie ein Beispiel gebracht, bei dem ich mit dem Bundesverfassungsgericht nicht übereinstimme: das Beispiel der ärztlichen Zwangsversorgung. Ich glaube, Sie werden mit mir einiggehen, daß das Recht der freiberuflich Tätigen auf Selbstversorgung wohl zum Wesenskern der Persönlichkeit gehört, insbesondere wenn man daran denkt, daß es zunächst einmal Verpflichtung und Recht des Menschen ist, für sich selbst zu sorgen, ehe er die nächsthöhere Gemeinschaft anruft, und entsprechend hat ja auch der Gesetzgeber sich einzustellen. Wenn Sie von diesem Gesichtspunkt aus das Recht auf Selbstversorgung auch für Alter und Familie als Teil des Wesenskerns der Persönlichkeit ansehen, dann würden Sie, glaube ich, dazu kommen, nur die Einschränkung der drei Vorbehalte: – verfassungsmäßige Ordnung, Rechte anderer und Sittengesetz – anzunehmen, und einer solchen Verfassungsbeschwerde würde man mit Recht, glaube ich, keinen dieser drei Vorbehalte entgegenstellen können. Das Bundesverfassungsgericht kommt zu einem Vorbehalt, nämlich über den Begriff der verfassungsmäßigen Ordnung im Sinne der verfassungsmäßigen Rechtsordnung. Sie, glaube ich, könnten es gar nicht, denn daß es dem Sozialgrundgesetz widerspräche und damit einem Grundsatz der Verfassungsordnung, könnte man ohne weiteres widerspruchslos zustimmen – gerade unter dem Gesichtspunkt der Subsidiarität dürfte der Sozialstaat erst dann einspringen, wenn die Eigenhilfe versagt.

Ein dritter Gesichtspunkt, den ich noch zur Debatte stellen wollte, ist das Verhältnis des Art. 2 zu den Sondergrundrechten der Artikel 3 bis 18. Habe ich Sie recht verstanden, wenn Sie annehmen, daß diese speziellen Freiheitsgarantien Teil des Persönlichkeitsrechts in Art. 2 sein sollen? Dann scheint mir das aber auch bedenklich, wenn Sie etwa nur an die bloße Vereinsfreiheit denken. Soll die bloße Vereinsfreiheit – die Freiheit, mich irgendeinem Verein anzuschließen – Teil dieses Persönlichkeitsrechts in Ihrem engeren, eingeschränkten Sinne sein? Oder nehmen wir die Petitionsfreiheit! Sollen sie wirklich Teil des Wesenskerns des Menschen sein?

Professor Dr. rer. pol. Theodor Wessels

Als Nationalökonom frage ich mich nicht selten, ob bestimmte Gesetze, die auf die Aufstiegschancen einzelner Personen oder ganzer Gruppen sehr stark einwirken, mit dem Recht auf freie Entfaltung der Persönlichkeit vereinbar sind.

Ich möchte das an einem bestimmten Beispiel illustrieren.

Nach dem Handwerkergesetz gilt in Deutschland der große Befähigungsnachweis, d. h. niemand kann einen Handwerksbetrieb eröffnen, der nicht nach vorhergehender Lehrlingsausbildung und nach Ablegung der Gesellenprüfung die Meisterprüfung bestanden hat. In der Bundesrepublik kann jeder ohne Rücksicht auf seine Vorbildung einen Großbetrieb errichten, dessen Führung umfassende technische und wirtschaftliche Sachkenntnisse zur Voraussetzung hat – niemand kann aber einen Schuhmacherbetrieb, der nur Schuhreparaturen durchführt, eröffnen, ohne im Besitz des Meistertitels zu sein. Während des ganzen 19. Jahrhunderts hat das Handwerk die Meisterprüfung als Voraussetzung für die Ausübung eines handwerklichen Berufes gefordert. Alle wirtschaftspolitischen Systeme – auch die konservativen Richtungen – haben in diesem Jahrhundert aber diese Forderung des Handwerks abgelehnt. Die äußerste Konzession gegenüber den berufspolitischen Wünschen des Handwerks war der sogenannte kleine Befähigungsnachweis des Jahres 1907. Er zwang aber den Handwerker nicht, die Meisterprüfung abzulegen, gestattete allerdings nur dem Meister die Ausbildung von Lehrlingen, die dann zur Gesellenprüfung zugelassen wurden. So wurde die Gewerbefreiheit auch im Bereich des Handwerks nicht beseitigt, wenn auch erheblich eingeengt. Erst in der nationalsozialistischen Ära ist der große Befähigungsnachweis eingeführt worden, eine Regelung, die dann durch ein Gesetz unseres Bundestages sanktioniert wurde.

Es steht hier nicht zur Diskussion, ob ein bestimmtes wirtschaftspolitisches Ziel, z. B. die Erhaltung der traditionellen Handwerksarten, nur mit Hilfe des großen Befähigungsnachweises erreicht werden kann. Sicher ist aber, daß die Aufstiegschancen eines Teiles der in dem Gewerbe Tätigen durch eine solche Regelung nicht unerheblich eingeengt werden können. In der Vergangenheit zumindest hat die lange Ausbildungszeit manchen Gesellen veranlaßt, in einen anderen Beruf überzutreten, den er oft nicht gewählt hätte, wenn er sich früh als selbständiger Handwerker hätte niederlassen können. Man kann die Zulassungsbestimmungen auch nicht mit der Behauptung rechtfertigen, ohne sie werde das Handwerk untergehen. Unsere Nachbarländer besitzen, wie man zu sagen pflegt, eine hochentwickelte Handwerkskultur, kennen aber eine Reglementierung der Berufsausübung im Handwerk nicht. Die Auslese unter den Handwerkern wird hier durch die Bewährung im Wettbewerb vollzogen. Um sich in der Konkurrenz behaupten zu können, bemühen sich auch in diesen Ländern viele Handwerker, ihr Können durch eine Schulung auf Ausbildungsstätten zu erweitern.

Jedenfalls ist es bei uns für einen im Handwerk Tätigen schwieriger, zur Selbständigkeit zu gelangen als in vielen anderen Ländern, obwohl wir das Recht auf freie Entfaltung der Persönlichkeit so sehr in unserer Verfassung hervorheben. Das Problem, auf das ich hier hinweise, taucht nicht nur in der Handwerkspolitik auf. Nicht wenige Gewerbezweige fordern ähnliche Zulassungsbedingungen wie das Handwerk, sie entfalteten vor wenigen Jahren eine starke wirtschaftspolitische Aktivität, um solche Regelungen durchzusetzen. Diese Bemühungen mögen zur Zeit an Bedeutung verloren haben, weil viele kleinere und mittlere Betriebe in einer Phase der Überbeschäftigung die Ansprüche an die Ausbildung ihrer Mitarbeiter zu senken genötigt sind. Es ist aber sehr wahrscheinlich, daß die Versuche, das System der Zulassungsregulierung auf weitere Teile der „mittelständischen Wirtschaft“ zu übertragen, in einer anderen Beschäftigungssituation wieder auftauchen werden.

Professor Dr. jur. Hans J. Wolff

Den Gedanken des Herrn Referenten pflichte ich bei, insbesondere auch, was seine Auffassung des Art. 2 GG betrifft. In Übereinstimmung mit einigen Herren, die vor mir gesprochen haben, meine ich aber, daß dieser Artikel in der Auslegung des Bundesverfassungsgerichtes nicht leerläuft. Sein Verständnis als Sicherung der allgemeinen Handlungsfreiheit bringt nämlich in Verbindung mit Art. 20 Abs. 3 den simplen Satz zum Ausdruck, daß hoheitliche Eingriffe in die Handlungsfreiheit des einzelnen einer gesetzlichen Grundlage bedürfen, also das, was der Jurist den Vorbehalt des Gesetzes nennt. Das steht an anderer Stelle des Grundgesetzes nicht. Die Frage wäre also, ob man dies aus Art. 2 als seinem einzigen Inhalt herauslegen soll, oder ob Art. 2 außerdem oder statt dessen eine ganz andere, nämlich die von Herrn Peters skizzierte, Bedeutung hat. Im letzteren Falle müßte man annehmen, daß der soeben genannte Satz der allgemeinen Handlungsfreiheit vom Grundgesetzgeber als eine Selbstverständlichkeit nicht weiter erwähnt worden ist.

Zum andern möchte ich Herrn Peters auf einen gewissen Widerspruch zwischen seiner Anfangs- und seiner Schlußbemerkung aufmerksam machen. Am Anfang sagten Sie, die Mängel der Auslegung des Grundgesetzes beruhten (im Unterschied zur Meinung des Herrn Kollegen Forsthoff) auf einer Verkennung oder nicht hinreichenden Berücksichtigung des dort aufgerichteten Wertsystems. Dem gegenüber möchte ich mit Ihrem drittletzten Schlußsatz meinen, daß es eigentlich nicht Fragen der Verkennung des Wertsystems sind, welche uns an der Rechtsprechung des Bundesverfassungsgerichts stören, sondern daß es, wie Sie ausgeführt haben, schlichte Auslegungsfehler sind, welche dem Gericht unterlaufen sind. Danach ist wohl die Intention des Herrn Forsthoff dieselbe wie die Ihrige: Sie wenden sich beide gegen Mängel zu weitgehender, die Verfassungsinhalte wandelnde höchstrichterliche Rechtsprechung, wobei Forsthoff meint, diese Mängel lägen bereits auf der frühen Stufe nicht richtiger Auslegung, gemessen an den Auslegungsregeln, die die Jurisprudenz in Jahrhunderten entwickelt hat. Ein Beispiel hierfür, das dem Inhalt Ihres Vortrages nahesteht, ist die Auslegung, die Art. 12 GG gefunden hat: Nach den überlieferten Regeln der Auslegung betrifft die Berufsfreiheit des Art. 12 ja doch keineswegs die *Gewerbe*freiheit und betrifft auch nicht die *Stellung* im Beruf – als Selbständiger oder Unselbständiger – oder den *Ort* der Berufsausbildung. Man braucht also gar nicht bis zu den Sternen der Grundwerte vorzudringen, um am Verfassungsgericht und an der Rechtsprechung anderer höherer Gerichte Kritik in dem Sinne zu üben, wie Sie es getan haben.

Professor Dr. phil. Joachim Ritter

Ich bitte um Nachsicht, wenn ich die im Vortrag implizierte grundsätzliche und philosophische Frage aufnehme, wie sich Entfaltung der Persönlichkeit und Freiheit in der Bestimmung allgemeiner Handlungsfreiheit zueinander verhalten.

Hegel hat sich in der Einleitung der „Rechtsphilosophie" kritisch mit der (vor allem kantischen) Definition von Freiheit durch Willkürhandlungen auseinandergesetzt. Es sei dies die gewöhnlichste Vorstellung von Freiheit, doch bleibe sie abstrakt. Freiheit habe actu ihr Wesen darin, daß wir uns entschließen und mit dem Entschluß je in die „Wirklichkeit" übergehen. Die Freiheit des Willens, als solche und für sich der Welt gegenüber gesetzt, nur Möglichkeit, komme darin zu ihrer Verwirklichung, daß je mein Wille und mein Handeln in allgemeinen Institutionen, in Beruf und Familie und so in allgemeinen Verpflichtungen und Ordnungen konkret werden. Die hierin liegende Begrenzung sei so nicht Einschränkung, sondern positive Verwirklichung von Freiheit. Nicht da, wo einer alles tun kann, was er will, sondern in der Entscheidung für ein bestimmtes, in sich allgemeines Tun und für ein Leben, das den freien Einzelnen aus der Sphäre der Willkür herauslöst, hat Freiheit – dem Ernst der Endlichkeit gemäß – Wirklichkeit. Zu ihr gehört, daß der Einzelne, der Willkürfreiheit entwachsen und zum Allgemeinen gebildet, nicht alles zu tun vermag, was er je will.

Wenn man daher Freiheit auf die abstrakte Willkürfreiheit reduziert, dann wird sie zu einem leeren Begriff: sie bleibt ohne Ausführung und ohne Inhalt. Recht hat demgemäß für Hegel Freiheit zu seiner Substanz, wenn der Staat, die Gesellschaft und ihre Institutionen selbst das „Reich verwirklichter Freiheit" sind. Das vermag die abstrakte Theorie der Freiheit als Willkür nicht zu begreifen. Sie kann das Allgemeine nur als Negation und Einschränkung des freien Willens denken.

In dieser Auseinandersetzung vor allem mit Kant nimmt Hegel die Tradition in der Theorie der Freiheit auf, die zuletzt auf Aristoteles zurückgeht. Frei ist für Aristoteles der Mensch, der im Unterschied zum Unfreien und Sklaven um seiner selbst willen und nicht um eines anderen willen lebt. Während der Unfreie keinen eigenen Willen hat, ist der Mensch frei, der in den politischen und ethischen Institutionen bei sich selbst zu sein und als er selbst das Leben als seines zu führen vermag.

Auf diesen alten Lehrbegriff der Freiheit als Bei-sich-selbst-sein wird man den modernen Begriff der Persönlichkeit beziehen müssen. Hegel hat das auf das Verhältnis von Person und Sache gegründete bürgerliche Recht abstrakt genannt, weil es das, was das Individuum in seiner Subjektivität und in seiner Innerlichkeit ist und aus ihr zu werden vermag und so den einzelnen als „Persönlichkeit" außer sich hat. Er hat aber zugleich gesagt, daß es in dieser Abstraktheit der Freiheit der Persönlichkeit die „Existenz" gibt. Indem das bürgerliche Recht sich auf das durch Sachen vermittelte Verhältnis von Personen beschränkt, setzt es die Persönlichkeit frei. Das bürgerliche Recht ist daher Recht der Freiheit, wenn es dem Subjekt die Möglichkeit gibt, in allen bürgerlichen, staatlichen und gesellschaftlichen Institutionen es selbst zu sein und als Persönlichkeit das eigene Leben zu haben. Hegel hat so das freie Individuum „Sohn der bürgerlichen Gesellschaft" genannt. Mit ihr sei die Freiheit des Menschen, die eigene Persönlichkeit zu entfalten, zum Grund und zum Inhalt des Rechts geworden.

Aus Gründen, die hier nicht erörtert werden können, hat die kantische Theorie der Freiheit von Willkürhandlungen auch in der Rechtsphilosophie die von Hegel aufgenommene aristotelische Tradition überspielt. Es scheint mir sinnvoll zu sein, die Frage wenigstens zu stellen, ob vielleicht bestimmte Schwierigkeiten und Aporien in diesem Felde aus dieser Festlegung der Theorie und nicht aus der Sache als solcher entspringen.

Staatssekretär Ludwig Adenauer

Ich möchte an das anknüpfen, was Herr Professor Ritter gesagt hat, obwohl ich von einer anderen Betrachtungsweise an das Problem herangehe.

Es ist eindeutig, daß es eine unbeschränkte Handlungsfreiheit aus Gründen der Aufrechterhaltung der verfassungsmäßigen Ordnung, aus Gründen unserer Sozialordnung, des Sittengesetzes nicht geben kann. Wenn ich der Auffassung des Bundesverfassungsgerichts folge und das Recht auf freie Entfaltung der Persönlichkeit als Handlungsfreiheit definiere, dann besteht die Aufgabe der Gerichte, soviel ich das sehe, doch wohl darin, festzustellen, wo die Grenzen der zulässigen Eingriffe in die Handlungsfreiheit liegen. Das heißt, ich komme von außen an das Problem heran, auf den Kern des Persönlichkeitswertes, der unantastbar bleiben muß. Wenn Sie, Herr Professor Peters, umgekehrt vorgehen und sagen, in Art. 2 Abs. 1 ist nur dieser Kern der unantastbaren Persönlichkeitswerte, nämlich der Kernbestand der Persönlichkeit, erfaßt, gehe ich eigentlich nur von einer anderen Ausgangsbasis an dasselbe Problem heran. Das ist die Schwierigkeit, festzustellen, worin dieser Kernbestand der Persönlichkeit besteht.

Die negative Methode – ohne bestimmte begriffsmäßige Festlegung dieses Kernbestandes – ist natürlich leichter. Sie ist selbstverständlich kasuistisch; sie wird einmal auf eine Grenze stoßen. Viel wichtiger ist es zu sagen, dieses, jenes oder das andere ist ein unveräußerlicher Bestandteil der Persönlichkeit und darf nicht angetastet werden.

Vielleicht würden Sie zu dieser Frage einmal Stellung nehmen; ich wäre Ihnen sehr dankbar.

Magnifizenz Professor Dr. phil. Theodor Schieder

Ich glaube, aus dem, was in dem Vortrag von Herrn Peters und nachher in der Diskussion bisher vorgebracht wurde, geht doch offensichtlich hervor, daß die Formulierung des Art. 2 GG eine verschiedene Deutungsmöglichkeit zuläßt, die wiederum auf eine Verschiedenheit der ideellen Voraussetzungen hinweist, die diesen Wortlaut mit geschaffen haben.

Wenn ich mir überlege, woher eigentlich diese Formulierung bestimmt sein kann, so glaube ich, wird man auf Friedrich Naumann gewiesen. Es gibt von ihm aus dem Jahre 1911 eine Schrift über die politischen Parteien, in der vom „Problem der Menschenrechte innerhalb des modernen Industrialismus“ gesprochen und die Frage gestellt wird: „Wie überwinden wir den Druck der zentralisierten Gesellschaftsordnung auf uns?“ Was Naumann damals als anonyme Macht der Industriegesellschaft verstand, hat sich dann in der nationalsozialistischen Zeit zur Diktaturmacht des Staates verdichtet. Ich würde meinen, daß die Formulierung von einem Augenblick bestimmt wird, in dem zwei Dinge ineinandergeflossen sind, nämlich einmal das, was Sie, Herr Peters, als individualistischen Liberalismus bezeichnet haben, auf der andern Seite eine Auffassung, die irgendwie doch als sozial-ethisch bezeichnet werden könnte. Der Zusammenstoß dieser beiden Richtungen, der sich bei Naumann sichtbar vollzogen hat, ist in der Weimarer Verfassung deutlich festzustellen. Im Grundgesetz sind die freie Entfaltung der Persönlichkeit und auf der andern Seite der soziale Rechtsstaat als die beiden Fundamente nebeneinandergestellt, und es scheint mir gerade dies das kühne Experiment des Grundgesetzes zu sein, daß es diese beiden Dinge in *einem* Wertzusammenhang sieht. Daraus erwächst natürlich nun die Schwierigkeit, diesen Zusammenhang zu praktizieren, und ich meine, die Diskrepanz zwischen der Rechtsprechung der oberen Gerichte und dem Wortlaut des Grundgesetzes ist wohl nicht nur eine Folge der Nichtpraktizierbarkeit oder der Praktizierbarkeit, sondern auch einer verschiedenen ideellen Tendenz: auf der einen Seite des Begriffs der Persönlichkeit, wie es schon von Herrn Welzel angedeutet worden ist, und auf der andern Seite des Ideenkreises, den wir im englischen Pragmatismus bei Spencer, Mill und andern Leuten finden und der unter Begriffen wie „Freie Bahn dem Tüchtigen“ oder „Größtes Glück der größten Zahl“ erscheint. Beides ist hierin enthalten: das eine ist pragmatisch, das andere im wahrsten Sinne aus dem deutschen Idealismus erwachsen, in dem auch noch sehr fruchtbare Ansätze für die Gestaltung der modernen sozialen Wirklichkeit stecken.

Ich weiß nicht, wieweit unseren Richtern dies alles gegenwärtig ist. Es ist doch kaum anzunehmen, daß dieser Hintergrund der Formulierung und damit auch diese Spannung immer ganz bewußt gewesen sind. Man sollte eher annehmen, daß in der Regel ein Ausweichen in das Praktischere und in das Faßlichere vorgenommen wurde. Gerade deshalb taucht die Frage auf – wir wollen es einmal ganz offen sagen –, ob wir nicht unter Umständen eine Oktave im Ton zu hoch formulieren, wenn wir von freier Entfaltung der Persönlichkeit sprachen. Ich will damit in keiner Weise den Verdacht erwecken, als ob damit etwa eine Wert-Neutralität der Verfassung gefordert würde. Aber es könnte sein, daß das menschliche Dasein leichter, auch juristisch leichter, zu fassen ist, wenn man von ihm in etwas gedämpfterem Tone spricht. Natürlich würde damit die Tendenz des Ausweichens in die Trivialität gestärkt, aber ihr steht auf der anderen Seite der Mißbrauch hoher ethischer Werte für Quisquilien gegenüber. Beide Extreme sollten vermieden werden.

Professor D. theol., Teol. D:r h.c. Karl Heinrich Rengstorf, D.D.

Es ist in Verbindung mit Naumann der Begriff der Selbstbehauptung in die Diskussion geworfen worden. Ich möchte davor warnen, diesen Begriff jetzt zu stark ins Gespräch zu bringen, weil seine Definition wahrscheinlich umfangreichere Untersuchungen notwendig machen würde. Dieser Begriff spielt eine wichtige Rolle bei dem Marburger Theologen Wilhelm Herrmann (1846–1922), bei dem er allerdings mit einem hohen Grade von Wahrscheinlichkeit nicht sozial-ethisch, sondern anthropologisch zu interpretieren ist, insofern als er in etwa auf das hinausgeht, was wir heute unter Selbstverständnis verstehen. Mag es also so sein, daß über Theodor Heuss gewisse Einflüsse aus der Welt Naumanns auf das Grundgesetz eingewirkt haben, so bleibt um so mehr die Frage zu stellen, ob es sinnvoll ist, im Blick darauf jetzt den Begriff der Selbstbehauptung zu erörtern, zumal mir scheint, daß der Herrmannsche Begriff, wie er bei Naumann auftaucht, außerhalb dessen liegt, was wir als judiziabel und praktikabel anzusehen vermögen. Aber das soll nur eine Bemerkung zur Terminologie sein, nicht mehr.

Professor Dr. jur., Dr. jur. h. c. Hans Peters

Ich danke zunächst für die reichen Anregungen und Belehrungen, die ich empfangen habe. Ich glaube, daß sie zum großen Teil durchaus in die Linie gehören, die ich für oder gegen meine These beachten muß. Ich will versuchen, auf die einzelnen Einwendungen einzugehen. Herrn Kegel habe ich vorhin schon geantwortet, darum brauche ich es also hier nicht noch einmal zu tun, obgleich gerade in der weiteren Diskussion Gesichtspunkte hervorgetreten sind, die eben doch *gegen* eine allzu starke Betonung der Praktikabilität bei der Auslegung des Art. 2 Abs. 1 sprechen.

Sicherlich ist diese Interpretation vom Bundesverfassungsgericht von der Praktikabilität her vorgenommen worden. Die Frage ist nur, ob man bloß deswegen, weil man eben nicht so leicht den Kern der Persönlichkeit definieren kann, nun die Persönlichkeit als solche so stark in den Hintergrund stellen darf. Denn das Entscheidende ist ja, daß mit der Auslegung des Bundesverfassungsgerichts nicht zu viel zugunsten der Persönlichkeit geschieht, sondern im Endergebnis viel weniger. Herr Ritter hat das mit philosophischem Scharfblick in der Gegenüberstellung von Kant und Hegel (ich komme darauf noch) deutlich gemacht. Wenn man nämlich den Begriff der Persönlichkeit so weit ausdehnt, wird man zu der weiten Auslegung der „verfassungsmäßigen Ordnung" gezwungen, dann kann jedes Gesetz die Freiheit der Persönlichkeit einschränken. Bei meiner Theorie ist der Gesetzgeber viel enger gebunden.

Wenn es bei mir wirklich um die freie Entfaltung der „Persönlichkeit" geht, ist der Gesetzgeber machtlos, und ein Gesetz, das die freie Entfaltung der Persönlichkeit in diesem engen Kern einschränken würde, kann nur durch die verfassungsmäßige Ordnung, d. h. nur durch die Verfassungsgrundsätze, die das Grundgesetz als solche herausstellt, beschränkt werden – abgesehen von den Rechten anderer und vom Sittengesetz. Hier bloß in Art. 2 Abs. 1 mit *Hans J. Wolff* den Grundsatz vom „Vorbehalt des Gesetzes" verfassungsrechtlich eingebaut zu sehen, halte ich für ein allzu mageres Ergebnis gegenüber dem Pathos des Art. 2. Der Bürger ist viel mehr dem Gesetzgeber mit seinen einzelgesetzlichen Bestimmungen, von denen Herr Wessels ein ganz typisches Beispiel genannt hat, ausgeliefert, als wenn man sagt: sobald der Gesetzgeber beschränkend an den Kern der Persönlichkeit herankommt, wird seine Tätigkeit verfassungswidrig. Insofern glaube ich, daß im Endergebnis meine Theorie mehr in der Richtung eines besseren Schutzes des Bürgers liegt, als wenn man zwar zunächst die allgemeine Handlungsfreiheit unterstellt und sie dann nachher durch jedes einfache Gesetz einengen läßt. Denken Sie beispielsweise an die Preisgesetze.

(*Prof. Dr. Wessels:* Nicht durch jedes Gesetz!)

— Durch ein verfassungsmäßig einwandfreies Gesetz; aber das ist ja praktisch jedes Gesetz. Ich glaube nicht, daß der Bund oder das Land Nordrhein-Westfalen so leicht verfassungswidrige Gesetze erlassen werden! (Heiterkeit.)

Ihre Hinweise, Herr Welzel, halte ich für sehr berechtigt – ich kann zu meiner Entschuldigung sagen, daß man auf viele andere Dinge noch eingehen müßte; so habe ich ja die gesamte Literatur vom Thema her auslassen müssen. Es wäre allerdings zu überlegen, ob man wenigstens noch einen Überblick über die Literatur an den Vortrag bei der Drucklegung anschließen sollte. (Bei der Ausarbeitung ist dies inzwischen wenigstens im Überblick geschehen.)

Herr Welzel und Herr Adenauer vermissen eine praktikable Definition. Richtig ist wohl, was Herr Ritter hierzu ausgeführt hat: Freie Entfaltung der Persönlichkeit bedeutet die Freiheit des Bei-sich-selbst-seins. Ich würde vielleicht formaljuristischer sagen, daß freie Entfaltung der Persönlichkeit die Entwicklung der in den Menschen als solchen gelegten Kräfte und der gerade ihn als konkretes Wesen, seine Eigenart ausmachenden Gaben ist. Die Schwierigkeit, hier eine für den Wald- und Wiesen-Juristen brauchbare Begriffsbestimmung mit einfachen Subsumtionsmöglichkeiten zu geben, darf uns nicht schrecken.

Sie haben sicher im Endergebnis recht, Herr Kegel – auch Sie, Herr Wolff, und andere Herren hatten Bedenken in dieser Richtung –, daß es in der Tat auch für die Literatur schwierig ist, praktikabel zu sagen, was freie Entfaltung der Persönlichkeit ist und was keine freie Entfaltung der Persönlichkeit mehr ist. Aber man muß trotzdem versuchen – mit einer Definition wird man nicht auskommen –, in der Sache klarzustellen, was eigentlich darunter zu verstehen ist. Solche Schwierigkeiten haben wir im Staatsrecht oft, z. B. was ist Freiheit, was ist Gleichheit. Die Natur des Staatsrechts erfordert besondere Auslegungsmethoden.

Die für meine Zwecke besten Hinweise scheinen mir die Herren Ritter und Schieder gegeben zu haben, die nun von der anderen Seite her, als Philosophen und Historiker, kamen. Das liegt dem Juristen etwas ferner. Aber, bitte, sagen Sie das, was Hegel gemeint hat, in einer juristisch brauchbaren Form, so daß man damit den Einzelfall der Praxis subsumieren kann. (Heiterkeit.) Das ist praktisch die Aufgabe der Gerichte, bei der ihnen die Wissenschaft helfen muß. Daß hier Grenzfälle bleiben werden, wo zweifelhaft sein wird, ob dieses oder jenes noch zur freien Entfaltung der Persönlichkeit gehört, das ist an sich unvermeidlich. Gewiß könnte man darauf hinweisen, daß die Auslegung des Art. 2 durch das Bundesverfassungsgericht die einfachere Lösung bringt.

Die Frage ist nur: Darf man deswegen, weil dies einfacher ist, die freie Entfaltung der Persönlichkeit in der allgemeinen Handlungsfreiheit sehen und dann im Endergebnis die Freiheit einschränken, bloß deswegen, weil man bequemer entscheiden kann?

Leider ist Art. 2 Abs. 1 nicht das einzige Grundrecht, wo solche Schwierigkeiten auftreten. Herr Wolff hat gesagt, daß wir einig in der Beurteilung dessen wären, was aus dem Recht auf freie Berufswahl geworden ist. Es hat jedoch m. E. nichts mehr mit freier Berufswahl zu tun, ob etwa die Bedürfnisprüfung für Gaststätten besteht oder nicht, und ich möchte auch auf Grund prakischer Erfahrungen mit der dem Art. 12 Abs. 1 GG vom Bundesverfassungsgericht und vom Bundesverwaltungsgericht gegebenen Auslegung das angeblich vom Grundgesetz erlassene Verbot jeglicher Bedürfnisprüfung nicht nur als fehlerhafte Interpretation des Gesetzes, sondern auch wegen der Auswirkungen tadeln. Doch das führt hier zu weit.

Herr Staatssekretär Adenauer will *von außen* an das Problem herankommen, wie ich es *von innen* her versucht habe. Das ist kein schlechter Gedanke. Könnte man dann nicht allgemein so fragen: Warum ist die „Deutsche Demokratische Republik" ein Staat der Unfreiheit? Warum ist ein kollektivistisches, totalitäres System unfrei? Doch nicht, weil es dort eine große Anzahl von allgemeiner Handlungsfreiheit einschränkenden Gesetzen gibt; solche haben auch wir übergenug. Das macht nicht die Unfreiheit aus! Diese liegt in einer ganz anderen Sphäre. Und ich meine, daß gerade wir, die wir doch aus dem vergangenen nationalsozialistischen System und aus dem kommunistischen heute vor unseren Toren wissen müßten und verstehen sollten, warum unsere deutschen Mitbürger in der sogenannten Deutschen Demokratischen Republik eben unter einem unmenschlichen Druck leben und ihre Persönlichkeit nicht frei entfalten können. Die Leute drüben sagen oft: „Eine gewisse wirtschaftliche Not würden wir schon ertragen können, satt werden wir einigermaßen im Augenblick, aber unerträglich ist die Beschränkung der Freiheit!" Freiheitsbeschränkungen gibt es auch hier in Menge, aber wir empfinden sie eben nicht als einen Mangel an freier Entfaltung der Persönlichkeit. Hier gilt das, was Herr Ritter sagte, als er den Fingerzeig dafür gab, warum bei uns wahre Freiheit herrscht und was sie ausmacht. Ich bin Herrn Ritter sehr dankbar für seine Hinweise. Was er sagte, ergänzt das in der Tiefe, was mir fehlte.

Ich habe im Jahre 1951 in der Festgabe für Laun versucht, eine Definition der Persönlichkeit im Hinblick auf ihre freie Entfaltung zu geben. Der Kern der Persönlichkeit wie der Freiheit liegt im Menschentum. Wenn der Mensch sich nicht mehr in seiner Wesensart entfalten kann oder wie Sie, Herr Ritter, es sehr schön gesagt haben, er nicht mehr bei sich selbst sein kann, dann ist die freie Entfaltung gestört. Aber Sie haben völlig recht, Herr Welzel — —

(*Prof. Dr. Welzel:* Darf ich eine kleine Zwischenfrage an Sie richten? Sie haben ja begonnen mit dem Hinweis auf den Paß-Fall. Würden Sie nun die Verweigerung des Passes nicht als eine Beschränkung des internen Kreises, dieses Bei-sich-selbst-seins der Persönlichkeit auffassen?)

Wenn in einem konkreten Fall aus konkretem Anlaß ein Paß verweigert wird, würde ich sagen, daß keine Beschränkung der freien Entfaltung der Persönlichkeit vorliegt. Wenn aber allgemein der Bürger überhaupt niemals einen Paß bekommt und man ihm jede Bewegung über die Landesgrenzen verbieten würde, dann würde dies eine Beschränkung der freien Entfaltung der Persönlichkeit sein. Wenn jemand einen Paß nicht bekommt, um zu einem bestimmten Kongreß zu fahren, dann ist das keine Beschränkung der freien Entfaltung der Persönlichkeit.

(*Prof. Dr. Welzel:* Ich finde das sehr zweifelhaft.)

Vergleichsweise liegt es ähnlich wie dort, wo ein Grundrecht im Einzelfalle auf Grund eines Gesetzes beschränkt, nicht aber in seinen Wesensgehalt eingegriffen werden darf.

(*Prof. Dr. Welzel:* Der eine Fall zeigt besonders, wie die Abgrenzung des Persönlichkeitsrechtes zweifelhaft ist. Um auf Plato zu kommen: Plato wollte ja auch, daß seine Bürger nie aus ihrem Lande hinausgingen. Der typische Kerngehalt der Persönlichkeit wird ausgelöscht, wenn alles nur von oben bestimmt wird.)

Ich würde auch eine Verletzung des Rechts des Art. 2 Abs. 1 annehmen, wenn ein Gesetz bestimmten Personen generell verböte hinauszugehen, wie es in einer Diktatur sein könnte, wo etwa nur Parteiangehörige der herrschenden Partei ausreisen dürften.

(*Zuruf:* Sie brauchen nur die „DDR“ zu nehmen hinsichtlich der Ausreise in die Bundesrepublik!)

Richtig: dort wird ja eben das Recht auf freie Entfaltung der Persönlichkeit nicht anerkannt, wogegen eine Paßversagung in Einzelfällen auch in allen freiheitlichen Demokratien vorkommt. Wenn ein bestimmter Mensch in einem bestimmten Fall keinen Paß bekommt — —

(*Prof. Dr. Welzel:* Das heißt also, weil in diesem Falle der Mann zum Friedenskongreß will, bekommt er keinen Paß!)

Ich habe gesagt, daß die Versagung eines Passes im Einzelfalle mit der freien Entfaltung der Persönlichkeit nichts zu tun hat. Aber sie hätte etwas damit zu tun, wenn im allgemeinen – einem bestimmten Menschen – niemals ein Paß gegeben und damit seine Bewegungsfreiheit grundsätzlich gehindert würde. Wenn aber jemand zu diesem oder jenem Kongreß fahren will und sein Staat der Meinung ist, daß auf diesem Kongreß etwa die Revolution gegen diesen Staat vorbereitet wird — —

(*Prof. Dr. Welzel:* Das ist etwas ganz anderes! Wenn sich der Mann am Hoch- oder Landesverrat beteiligt, dann entsteht gar kein Problem. Aber wenn das nicht der Fall ist, sondern es sich lediglich um eine Bezeugung des Nonkonformismus handelt?)

In dem Falle des Bundesverfassungsgerichts handelte es sich darum, daß der Mann an mehreren solcher sog. Friedenskongresse bereits teilgenommen hat, die gegen den Bestand der Bundesrepublik von Osten her gerichtet waren. In concreto dürfte auch in weniger krassen Fällen eine Ausreise verweigert werden.

(*Prof. Dr. Welzel:* Es zeigt sich an diesem Fall, wie zweifelhaft es nun wird.)

Auch im Strafrecht gibt es Fälle, in denen mal das Ja oder Nein der Bestrafung zweifelhaft sein kann. Das Grundsätzliche ist auch dort leichter zu sagen als die konkrete Entscheidung. Die Freiheit der Persönlichkeit liegt in der Chance des Ausreisens; aber selbst diese ist dadurch begrenzt, daß jemand damit gegen die verfassungsmäßige Ordnung verstößt; das ist Tatfrage.

(*Prof. Dr. Welzel:* Dann müßte Herr Rowohlt genauso den Paß verweigert bekommen. So geht es m. E. nicht.)

Warum soll man Herrn Rowohlt für eine bestimmte Reise unter den Voraussetzungen des Paßgesetzes nicht den Reisepaß verweigern können? Wenn ihm freilich jede Ausreisemöglichkeit genommen würde, so wäre damit das Recht auf freie Entfaltung der Persönlichkeit verletzt, sofern nicht eine der Einschränkungen des Soweit-Satzes vorliegt. Nach der Ansicht des Bundesverfassungsgerichts ist es doch viel leichter, Herrn Rowohlt den Paß zu verweigern als nach meiner viel engeren Auslegung der „verfassungsmäßigen Ordnung". Nach meiner Auffassung wäre das eben nur zulässig, wenn der Antragsteller gegen die verfassungsmäßige Ordnung verstößt, nach der Ansicht des Bundesverfassungsgerichts bereits, wenn ein einfaches Gesetz, hier:

das Paßgesetz, die Versagung zuläßt. Ich bin also sehr viel weitherziger als der Bundesgerichtshof.

Nun darf ich zu den Ausführungen von Herrn Ministerialdirigent Kleinrahm über die Vertragsfreiheit kommen. Die Vertragsfreiheit, im Einzelfall einen bestimmten Vertrag abzuschließen oder nicht, gehört m. E. nicht zur freien Entfaltung der Persönlichkeit. Wenn aber bestimmten Personen oder Personengruppen die Vertragsfähigkeit entzogen oder wenn sonstwie die Vertragsfreiheit insgesamt so bedroht würde, daß etwa der Staat alle Preise absolut festlegt und man überhaupt keine freien Preise mehr vereinbaren könnte, dann würde das wohl gegen die freie Entfaltung der Persönlichkeit verstoßen. Es scheint mir sogar typisch zu sein, daß auf jedem Gebiet, auch im wirtschaftlichen Bereich, die freie Entfaltung der Persönlichkeit verletzt werden kann, dies auch durch Beseitigung der Vertragsfreiheit. Sobald aber die Vertragsfreiheit generell abgeschafft wird, dann würde die freie Entfaltung der Persönlichkeit bedroht sein.

(*Ministerialdirigent Dr. Kleinrahm:* Darf ich eine Zwischenfrage stellen? Wenn sie aber generell abgeschafft würde?)

Dann wäre es eine Behinderung der freien Entfaltung der Persönlichkeit, weil der Mensch nicht mehr frei wirtschaften kann.

(*Ministerialdirigent Dr. Kleinrahm:* Richtig! Aber wie würden Sie da helfen können? Mit den drei Vorbehalten nicht!)

— Doch!

(*Ministerialdirigent Dr. Kleinrahm:* Wieso? Mit der Verfassungsordnung? Die ist doch nicht gestört!)

— Nein, dann wäre das Gesetz ungültig, weil es weder in die Rechte anderer eingreift noch gegen die Verfassung sich richtet. Die Vertragsfreiheit richtet sich nicht gegen die Verfassung und verstößt auch nicht gegen das Sittengesetz.

(*Ministerialdirigent Dr. Kleinrahm:* Es ist aber nun eine Frage des Maßes? Wo ist das Maß voll für unsere Bürger?)

— Gewiß, das ist ja häufig die Schwierigkeit, auf die Herr Welzel mit Recht hingewiesen hat: Wie soll ich jetzt praktikabel genau das Maß festlegen? Bei den Schranken des Eigentums liegt es nicht anders. Da hätte ich doch zum Bundesverfassungsgericht das Zutrauen, daß es ungefähr diese Linie finden würde.

(*Ministerialdirigent Dr. Kleinrahm:* Es ist ja nun so, daß nur einzelne Gesetze zur Verfassungsbeschwerde kommen, das eine Gesetz, das andere Gesetz oder ein drittes Gesetz. Nach Ihrer Vorstellung würde erst die Summe der Gesetze das Persönlichkeitsrecht einschränken.)

Das ist nicht anders wie bei der Einschränkung der Selbstverwaltung oder des Eigentums. Schränkt ein Gesetz die Selbstverwaltung ein, ist das an sich noch harmlos; aber es kommt vor, daß der Gesetzgeber nach Ansicht der Beteiligten zu weit geht, so jetzt, wo die Spitzenverbände gegen das Sozialhilfegesetz klagen. Dann ist das Faß sozusagen übergelaufen, der letzte Tropfen ist entscheidend. Wenn das genannte Gesetz das einzige wäre, wodurch die Gemeinden beschränkt würden, würde man wahrscheinlich nicht sagen können, daß Art. 28 GG verletzt wäre. Es kann sein, daß das Bundesverfassungsgericht das Sozialhilfegesetz als noch im Rahmen des Zugelassenen ansieht.

Nun bin ich aber in einem Punkt nicht ganz Ihrer Meinung, wo Sie mit Nipperdey glauben, daß die soziale Marktwirtschaft durch Art. 2 des Grundgesetzes geschützt sei.

(*Ministerialdirigent Dr. Kleinrahm:* Nein, das meine ich nicht! Ich wollte nur sagen, daß die Wirtschaftsfreiheit und die Vertragsfreiheit als ein Teil davon eben nicht zu den speziellen Grundrechten gehören und nach meiner Auffassung nur erfaßt werden können von der Tendenz in der Rechtsprechung des Bundesverfassungsgerichts.)

— Jeder Eingriff in die Vertragsfreiheit ist noch nicht ein Eingriff in die freie Entfaltung der Persönlichkeit. Wir können doch heute nicht sagen, wenn die Bauern mit allen möglichen Preisen festgelegt werden – und nicht nur die Bauern, sondern der ganze landwirtschaftliche und weiterhin der Verkehrssektor –, daß dann die freie Entfaltungsmöglichkeit der Bauern derart eingeschränkt ist, daß in Deutschland das Recht auf die freie Entfaltung der Persönlichkeit der Bauern und der Lastkraftwagen-Unternehmen verletzt sei. — Wir würden trotzdem alle umgekehrt auch nicht sagen, daß es eine freie Entfaltung der Persönlichkeit in diesem Bereich nicht gibt.

Durch Ihre Ausführungen, Herr Wessels, scheint mir erwiesen, daß man jedenfalls den einzelnen Eingriff in die Vertragsfreiheit nicht schon als eine Beeinträchtigung des Rechts auf freie Entfaltung der Persönlichkeit ansehen kann. Sonst müßten wir für weite Teile der Wirtschaft heute das Recht auf freie Entfaltung der Persönlichkeit leugnen.

Nun tritt aber noch ein zweites Verfassungsprinzip hinzu: der Sozialstaat, den Art. 20, 28 GG festlegen. Dieses Prinzip möchte ich Herrn Wessels entgegenhalten.

Wenn es nur das Prinzip der freien Entfaltung der Persönlichkeit gäbe, dann wären Ihre Konsequenzen, Herr Wessels, für den Handwerkerstand richtig. Da aber heute immer wieder der Mittelstand aus sozialstaatlichen Gründen die allerverschiedensten Einschränkungen für sich fordert und auch weitgehend erreicht, ist zwar die freie Entfaltung der Persönlichkeit nicht mehr voll gegeben; aber dieses Recht ist nicht der einzige Trumpf im Spiel der Verfassungsartikel, sondern hinzu treten das Sozialstaatsprinzip und der Gleichheitsgrundsatz – letzterer spielt zwar hier keine Rolle, aber er kann es in einem anderen Falle bei der freien Entfaltung der Persönlichkeit tun.

Hier liegt heute in der Tat die Korrektur, weshalb aus mittelstands- und sozialpolitischen Gründen die freie Entfaltung der Persönlichkeit eben eingeschränkt werden darf. Ich darf hierzu auf ein Urteil des Bundesgerichtshofes Bezug nehmen, das ich selber für zutreffend halte:

Ein Bäcker, der allein arbeitet, hatte sich an das Nachtbackverbot nicht gehalten und gemeint, daß die Sozialvorschriften lediglich für die Angestellten, Gesellen und Lehrlinge im Bäckereigewerbe gelten; er allein aber dürfe nachts backen; er entfalte seine Persönlichkeit dadurch, daß er nachts arbeite. Er hatte den Gleichheitsgrundsatz herangezogen, da andere Berufe, z. B. Stahlwerke, Professoren, auch nachts arbeiten dürften und nicht daran gehindert würden. Ausgerechnet er als Bäcker solle das nicht dürfen! Darauf hat der Bundesgerichtshof m. E. richtig geantwortet: Die Arbeitsschutzbestimmungen sind praktisch nur durchzuführen, wenn auch diejenigen Betriebe, die ohne Angestellte arbeiten, an die gleiche Arbeitszeit gebunden werden, und im Interesse der sozialen Durchsetzung, also nach dem Sozialstaatsprinzip, darf hier das Recht auf freie Entfaltung der Persönlichkeit auf Grund eines anderen Verfassungsgrundsatzes beschränkt werden. Solche gegenseitigen Beschränkungen von Verfassungsprinzipien kommen nicht selten vor; ich habe darüber in unserer Festschrift für Karl Arnold (1955, S. 117 ff.) berichtet. So wird z. B. die Freiheit durch die Gleichheit beschränkt. Wenn Sie die Freiheit absolut durchführen, gibt es keine Gleichheit mehr!

Professor Dr. rer. pol. Theodor Wessels

In der Bundesrepublik bekennen wir uns leidenschaftlich zum Wettbewerb als dem Ordnungsprinzip unserer Wirtschaft. Unser Staat aber engt die Gewerbefreiheit auf dem Gebiet der handwerklichen Produktion stärker ein als irgendein anderes Land in Westeuropa, mit Ausnahme von Österreich.

Nun sagt Kollege Peters, die Einschränkung des Persönlichkeitsrechtes sei eine Konsequenz bestimmter gesellschaftspolitischer Ziele, die wir verfolgen. Tatsächlich kann man den großen Befähigungsnachweis mit dem Stil der Mittelstandspolitik, der für Westdeutschland charakteristisch ist, in Verbindung bringen. Man sollte aber m. E. fragen, ob bei einem Gegensatz zwischen den Zielen, die für unsere Wirtschaftsordnung schlechthin grundlegend sind, und anderen, die zugunsten einer bestimmten Gruppe verfolgt werden, nicht stets die ersten den zweiten übergeordnet sein müssen. Im übrigen sollte man sich aber auch mit der Frage auseinandersetzen, ob wirklich die Ziele unserer Mittelstandspolitik nur durch eine Beseitigung der Gewerbefreiheit im Handwerkssektor erreicht werden können. Angesichts der Bedeutung, die das Handwerk in Volkswirtschaften besitzt, die eine der deutschen analoge Regelung der selbständigen Berufsausübung nicht kennen, dürfte es schwer sein, diese Frage positiv zu beantworten. Die Position des Handwerks wird in modernen Volkswirtschaften in erster Linie durch die Stärke der Nachfrage nach individuell gestalteten Produkten und nach Diensten und nicht durch irgendwelche Zulassungsbestimmungen zum Berufe bestimmt.

Professor Dr. jur., Dr. jur. h. c. Hans Peters

Ich möchte dagegen nur sagen: Ihr Bild ist ja letztlich auch nur ein Wunschbild von der Wettbewerbsfreiheit. Ob die Wettbewerbsfreiheit begrifflich schon zur freien Entfaltung der Persönlichkeit gehört, ist genauso zweifelhaft wie die Frage, ob zur freien Entfaltung der Persönlichkeit gehört, daß ich nachts von null bis vier Uhr backen darf. Das hat beides wahrscheinlich mit freier Entfaltung der Persönlichkeit nur dann zu tun, wenn man einem bestimmten Wunschbild, wie Sie es nennen, anhängt. Aber ich bitte zu beachten, daß – infolge der Identifizierung von verfassungsmäßiger Ordnung mit Rechtsordnung – das Bundesverfassungsgericht vielerlei gesetzliche Eingriffe in die Freiheit zuläßt, die, soweit es sich um

Grundsätzliches, d. h. um Angriffe auf den Kern der Persönlichkeit handelt, von mir als verfassungswidrig abgelehnt werden. Die Diskussion hat zuletzt den Verlauf genommen, als ob *meine* Theorie *stärkere* Eingriffe zuließe. Letzteres gilt aber gerade nicht für alles Wesentliche, das eben den Kern der Persönlichkeit berührt.

Nun kommt in Ihrem Fall mit dem Handwerk, Herr Wessels, außerdem der Art. 12 hinzu, der die Freiheit der Berufswahl vorsieht. Aber um diesen geht es hier nicht.

Zu der Bemerkung von Herrn Wolff kann ich mich kurz fassen. Er meinte, Art. 2 Abs. 1 wäre mit der Rechtsprechung des Bundesverfassungsgerichts nicht leerlaufend, weil das Prinzip vom Vorbehalt des Gesetzes damit zur Verfassungsnorm erhoben sei. Natürlich bedeutet Leerlauf hier nicht so viel wie sinnlos. Aber der Kern der Sache liegt doch darin, daß damit jeder beliebige Eingriff in die Freiheit der Persönlichkeit dem einfachen Gesetzgeber überlassen bleibt. Aber nach meiner Auffassung darf auch der einfache Gesetzgeber nicht gegen das Recht auf freie Entfaltung der Persönlichkeit verstoßen, sondern nur dann, wenn vom Betreffenden gleichzeitig die verfassungsmäßige Ordnung, Rechte Dritter oder das Sittengesetz verletzt werden.

Herrn Ritters Diskussionsbeitrag kann ich, wie ich schon begründete, nur dankbar entgegennehmen, weil er das klärt, was mir, offen gestanden, bis jetzt nicht so deutlich war.

Herr Staatssekretär Adenauer, es ist gewiß eine Frage, wo die Grenze der zulässigen Handlungsfreiheit liegt. Aber das ist keine solche des Verfassungsrechts und des Grundgesetzes. Niemand darf sagen: ich brauche keine Steuern zu zahlen, denn das hindert mein Recht auf freie Entfaltung der Persönlichkeit, weil ich das Geld zur freien Entfaltung meiner Persönlichkeit besser gebrauchen kann, als es als Steuer dem Staate zu geben. Damit würde ich die Rechte des Staates, also anderer, verletzen. Die verfassungsmäßige Ordnung sind eben die Verfassungsgrundsätze, nicht aber jedes einfache Gesetz. Endlich ist es das Sittengesetz, dessen Nichtbeachtung das Recht auf freie Entfaltung der Persönlichkeit verdrängt. Vielweiberei, Kannibalismus und homosexuelles Verhalten können nicht unter Berufung auf das Recht auf freie Entfaltung der Persönlichkeit gerechtfertigt werden.

Interessant war, was Herr Schieder von der historischen Herkunft dieses hier behandelten Grundrechtes gesagt hat. Mir hat auch vorgeschwebt, daß es aus dem Naumannschen Ideenkreis käme. Herr Rengstorf hat ein paar treffende Bemerkungen dazu gemacht, die ich nochmals prüfen werde.

Dann wäre am Schluß zu fragen, wie man denn an das Problem herangehen solle, von außen oder von innen. Da ich in der Systematik darzustellen versuchen mußte, wie die Gerichte den Art. 2 Abs. 1 sehen und ich auf den Entscheidungen der Gerichte aufbauen wollte, mußte ich insofern von innen her an das Problem herantreten. Daß das Herankommen von außen her vielleicht manches klarer macht, würde ich durchaus anerkennen und bejahen. (Herr Ritter ist seinerseits von außen herangegangen.) Ich habe das schon vorher deutlich zu machen versucht.

Staatssekretär Professor Dr. h. c., Dr.-Ing. E. h. Leo Brandt

Wenn man die These „Kern der Persönlichkeit" irgendwie genau erfassen und festlegen könnte, wäre dann nicht schon viel erreicht? Zeigt sich hier nicht eine gefährliche Entwicklung, durch Gesetze Schritt für Schritt die Freiheit der Persönlichkeit immer weiter zum Schaden einer echten Demokratie einzuengen und zu verwischen?

Professor Dr. jur., Dr. jur. h. c. Hans Peters

Das ist es, was ich eben auch fürchte, obwohl das Bundesverfassungsgericht – das muß man anerkennen – im Einzelfall dann immer noch prüft, ob das einschränkende Gesetz nicht doch vielleicht die Verfassung, die Verfassungsgrundsätze, das Sittengesetz oder die Rechte anderer verletzt.

(*Ministerialdirigent Dr. Kleinrahm:* Die Spezialgrundrechte!)

— Ja, und dann kommen die Spezialgrundrechte, – z. B. Art. 12 –, die dabei sehr oft eine Rolle spielen. Nicht nur durch sie, auch durch die Sozialstaatlichkeit und die Rechtsstaatlichkeit werden weitere Korrekturen ermöglicht. Im weiteren scheint mir doch das Anliegen zu sein – und das war es auch, warum ich mir erlaubte, die Dinge vorzutragen –, am Beispiel des Art. 2 Abs. 1 zu zeigen, daß durch die Positivierung der Grundrechte bei vielen, die sicher besten Willens sind, – und es ist unbestreitbar, daß das Bundesverfassungsgericht den besten Willen hat, die Verfassung zu schützen –, doch gewisse Gefahren bestehen, die man bannen kann, wenn man sich klarzumachen versucht, was das Recht auf freie Entfaltung der Persönlichkeit in Wirklichkeit bedeutet.

Zum Schluß darf ich nochmals danken. Ich habe so reiche Anregungen erfahren und hoffe, wenigstens aus der reichen Beteiligung an der Diskussion erkannt zu haben, daß bei den verehrten Zuhörern Interesse für das Thema bestanden hat. Daß ich letzte Lösungen gebracht hätte, das maße ich mir nicht an zu behaupten.

VERÖFFENTLICHUNGEN DER ARBEITSGEMEINSCHAFT FÜR FORSCHUNG DES LANDES NORDRHEIN-WESTFALEN

AGF-N Heft Nr.		NATUR-, INGENIEUR- UND GESELLSCHAFTSWISSENSCHAFTEN
1	*Friedrich Seewald, Aachen*	Neue Entwicklungen auf dem Gebiete der Antriebsmaschinen
	Fritz A. F. Schmidt, Aachen	Technischer Stand und Zukunftsaussichten der Verbrennungsmaschinen, insbesondere der Gasturbinen
	Rudolf Friedrich, Mülheim (Ruhr)	Möglichkeiten und Voraussetzungen der industriellen Verwertung der Gasturbine
2	*Wolfgang Riezler †, Bonn*	Probleme der Kernphysik
	Fritz Micheel, Münster	Isotope als Forschungsmittel in der Chemie und Biochemie
3	*Emil Lehnartz, Münster*	Der Chemismus der Muskelmaschine
	Gunther Lehmann, Dortmund	Physiologische Forschung als Voraussetzung der Bestgestaltung der menschlichen Arbeit
	Heinrich Kraut, Dortmund	Ernährung und Leistungsfähigkeit
4	*Franz Wever, Düsseldorf*	Aufgaben der Eisenforschung
	Hermann Schenck, Aachen	Entwicklungslinien des deutschen Eisenhüttenwesens
	Max Haas, Aachen	Die wirtschaftliche und technische Bedeutung der Leichtmetalle und ihre Entwicklungsmöglichkeiten
5	*Walter Kikuth, Düsseldorf*	Virusforschung
	Rolf Danneel, Bonn	Fortschritte der Krebsforschung
	Werner Schulemann, Bonn	Wirtschaftliche und organisatorische Gesichtspunkte für die Verbesserung unserer Hochschulforschung
6	*Walter Weizel, Bonn*	Die gegenwärtige Situation der Grundlagenforschung in der Physik
	Siegfried Strugger †, Münster	Das Duplikantenproblem in der Biologie
	Fritz Gummert, Essen	Überlegungen zu den Faktoren Raum und Zeit im biologischen Geschehen und Möglichkeiten einer Nutzanwendung
7	*August Götte, Aachen*	Steinkohle als Rohstoff und Energiequelle
	Karl Ziegler, Mülheim (Ruhr)	Über Arbeiten des Max-Planck-Instituts für Kohlenforschung
8	*Wilhelm Fucks, Aachen*	Die Naturwissenschaft, die Technik und der Mensch
	Walther Hoffmann, Münster	Wirtschaftliche und soziologische Probleme des technischen Fortschritts
9	*Franz Bollenrath, Aachen*	Zur Entwicklung warmfester Werkstoffe
	Heinrich Kaiser, Dortmund	Stand spektralanalytischer Prüfverfahren und Folgerung für deutsche Verhältnisse
10	*Hans Braun, Bonn*	Möglichkeiten und Grenzen der Resistenzzüchtung
	Carl Heinrich Dencker, Bonn	Der Weg der Landwirtschaft von der Energieautarkie zur Fremdenergie
11	*Herwart Opitz, Aachen*	Entwicklungslinien der Fertigungstechnik in der Metallbearbeitung
	Karl Krekeler, Aachen	Stand und Aussichten der schweißtechnischen Fertigungsverfahren
12	*Hermann Rathert, W'tal-Elberfeld*	Entwicklung auf dem Gebiet der Chemiefaser-Herstellung
	Wilhelm Weltzien, Krefeld	Rohstoff und Veredlung in der Textilwirtschaft
13	*Karl Herz, Frankfurt a. M.*	Die technischen Entwicklungstendenzen im elektrischen Nachrichtenwesen
	Leo Brandt, Düsseldorf	Navigation und Luftsicherung
14	*Burkhardt Helferich, Bonn*	Stand der Enzymchemie und ihre Bedeutung
	Hugo Wilhelm Knipping, Köln	Ausschnitt aus der klinischen Carcinomforschung am Beispiel des Lungenkrebses

15	*Abraham Esau †, Aachen*	Ortung mit elektrischen u. Ultraschallwellen in Technik u. Natur
	Eugen Flegler, Aachen	Die ferromagnetischen Werkstoffe der Elektrotechnik und ihre neueste Entwicklung
16	*Rudolf Seyffert, Köln*	Die Problematik der Distribution
	Theodor Beste, Köln	Der Leistungslohn
17	*Friedrich Seewald, Aachen*	Die Flugtechnik und ihre Bedeutung für den allgemeinen technischen Fortschritt
	Edouard Houdremont †, Essen	Art und Organisation der Forschung in einem Industriekonzern
18	*Werner Schulemann, Bonn*	Theorie und Praxis pharmakologischer Forschung
	Wilhelm Groth, Bonn	Technische Verfahren zur Isotopentrennung
19	*Kurt Traenckner †, Essen*	Entwicklungstendenzen der Gaserzeugung
20	*M. Zvegintzov, London*	Wissenschaftliche Forschung und die Auswertung ihrer Ergebnisse
		Ziel und Tätigkeit der National Research Development Corporation
	Alexander King, London	Wissenschaft und internationale Beziehungen
21	*Robert Schwarz, Aachen*	Wesen und Bedeutung der Siliciumchemie
	Kurt Alder †, Köln	Fortschritte in der Synthese der Kohlenstoffverbindungen
21 a	*Karl Arnold*	Forschung an Rhein und Ruhr
	Otto Hahn, Göttingen	Die Bedeutung der Grundlagenforschung für die Wirtschaft
	Siegfried Strugger †, Münster	Die Erforschung des Wasser- und Nährsalztransportes im Pflanzenkörper mit Hilfe der fluoreszenzmikroskopischen Kinematographie
22	*Johannes von Allesch, Göttingen*	Die Bedeutung der Psychologie im öffentlichen Leben
	Otto Graf, Dortmund	Triebfedern menschlicher Leistung
23	*Bruno Kuske, Köln*	Zur Problematik der wirtschaftswissenschaftlichen Raumforschung
	Stephan Prager, Düsseldorf	Städtebau und Landesplanung
24	*Rolf Danneel, Bonn*	Über die Wirkungsweise der Erbfaktoren
	Kurt Herzog, Krefeld	Der Bewegungsbedarf der menschlichen Gliedmaßengelenke bei der Arbeit
25	*Otto Haxel, Heidelberg*	Energiegewinnung aus Kernprozessen
	Max Wolf, Düsseldorf	Gegenwartsprobleme der energiewirtschaftlichen Forschung
26	*Friedrich Becker, Bonn*	Ultrakurzwellenstrahlung aus dem Weltraum
	Hans Straßl, Münster	Bemerkenswerte Doppelsterne und das Problem der Sternentwicklung
27	*Heinrich Behnke, Münster*	Der Strukturwandel der Mathematik in der ersten Hälfte des 20. Jahrhunderts
	Emanuel Sperner, Hamburg	Eine mathematische Analyse der Luftdruckverteilungen in großen Gebieten
28	*Oskar Niemczyk †, Berlin*	Die Problematik gebirgsmechanischer Vorgänge im Steinkohlenbergbau
	Wilhelm Ahrens, Krefeld	Die Bedeutung geologischer Forschung für die Wirtschaft, besonders in Nordrhein-Westfalen
29	*Bernhard Rensch, Münster*	Das Problem der Residuen bei Lernvorgängen
	Hermann Fink, Köln	Über Leberschäden bei der Bestimmung des biologischen Wertes verschiedener Eiweiße von Mikroorganismen
30	*Friedrich Seewald, Aachen*	Forschungen auf dem Gebiet der Aerodynamik
	Karl Leist †, Aachen	Einige Forschungsarbeiten aus der Gasturbinentechnik
31	*Fritz Mietzsch †, Wuppertal*	Chemie und wirtschaftliche Bedeutung der Sulfonamide
	Gerhard Domagk, Wuppertal	Die experimentellen Grundlagen der bakteriellen Infektionen
32	*Hans Braun, Bonn*	Die Verschleppung von Pflanzenkrankheiten und Schädlingen über die Welt
	Wilhelm Rudorf, Köln	Der Beitrag von Genetik und Züchtung zur Bekämpfung von Viruskrankheiten der Nutzpflanzen

33	*Volker Aschoff, Aachen*	Probleme der elektroakustischen Einkanalübertragung
	Herbert Döring, Aachen	Die Erzeugung und Verstärkung von Mikrowellen
34	*Rudolf Schenck, Aachen*	Bedingungen und Gang der Kohlenhydratsynthese im Licht
	Emil Lehnartz, Münster	Die Endstufen des Stoffabbaues im Organismus
34a	*Wilhelm Fucks, Aachen*	Mathematische Analyse von Sprachelementen, Sprachstil und Sprachen
35	*Hermann Schenck, Aachen*	Gegenwartsprobleme der Eisenindustrie in Deutschland
	Eugen Piwowarsky †, Aachen	Gelöste und ungelöste Probleme im Gießereiwesen
36	*Wolfgang Riezler †, Bonn*	Teilchenbeschleuniger
	Gerhard Schubert, Hamburg	Anwendungen neuer Strahlenquellen in der Krebstherapie
37	*Franz Lotze, Münster*	Probleme der Gebirgsbildung
38	*E. Colin Cherry, London*	Kybernetik. Die Beziehung zwischen Mensch und Maschine
	Erich Pietsch, Frankfurt	Dokumentation und mechanisches Gedächtnis – zur Frage der Ökonomie der geistigen Arbeit
39	*Abraham Esau †, Aachen*	Der Ultraschall und seine technischen Anwendungen
	Heinz Haase, Hamburg	Infrarot und seine technischen Anwendungen
40	*Fritz Lange, Bochum-Hordel*	Die wirtschaftliche und soziale Bedeutung der Silikose im Bergbau
	Walter Kikuth und Werner Schlipköter, Düsseldorf	Die Entstehung der Silikose und ihre Verhütungsmaßnahmen
40a	*Eberhard Gross, Bonn*	Berufskrebs und Krebsforschung
	Hugo Wilhelm Knipping, Köln	Die Situation der Krebsforschung vom Standpunkt der Klinik
41	*Gustav-Victor Lachmann, London*	An einer neuen Entwicklungsschwelle im Flugzeugbau
	A. Gerber, Zürich-Oerlikon	Stand der Entwicklung der Raketen- und Lenktechnik
42	*Theodor Kraus, Köln*	Über Lokalisationsphänomene und Ordnungen im Raume
	Fritz Gummert, Essen	Vom Ernährungsversuchsfeld der Kohlenstoffbiologischen Forschungsstation Essen
42a	*Gerhard Domagk, Wuppertal*	Fortschritte auf dem Gebiet der experimentellen Krebsforschung
43	*Giovanni Lampariello, Rom*	Das Leben und das Werk von Heinrich Hertz
	Walter Weizel, Bonn	Das Problem der Kausalität in der Physik
43a	*José Ma Albareda, Madrid*	Die Entwicklung der Forschung in Spanien
44	*Burckhardt Helferich, Bonn*	Über Glykoside
	Fritz Micheel, Münster	Kohlenhydrat-Eiweißverbindungen und ihre biochemische Bedeutung
45	*John von Neumann †, Princeton*	Entwicklung und Ausnutzung neuerer mathematischer Maschinen
	Eduard Stiefel, Zürich	Rechenautomaten im Dienste der Technik
46	*Wilhelm Weltzien, Krefeld*	Ausblick auf die Entwicklung synthetischer Fasern
	Walther G. Hoffmann, Münster	Wachstumsprobleme der Wirtschaft
47	*Leo Brandt, Düsseldorf*	Die praktische Förderung der Forschung in Nordrhein-Westfalen
	Ludwig Raiser, Tübingen	Die Förderung der angewandten Forschung durch die Deutsche Forschungsgemeinschaft
48	*Hermann Tromp, Rom*	Die Bestandsaufnahme der Wälder der Welt als internationale und wissenschaftliche Aufgabe
	Franz Heske, Hamburg	Die Wohlfahrtswirkungen des Waldes als internationales Problem
49	*Günther Böhnecke, Hamburg*	Zeitfragen der Ozeanographie
	Heinz Gabler, Hamburg	Nautische Technik und Schiffssicherheit
50	*Fritz A. F. Schmidt, Aachen*	Probleme der Selbstzündung und Verbrennung bei der Entwicklung der Hochleistungskraftmaschinen
	August Wilhelm Quick, Aachen	Ein Verfahren zur Untersuchung des Austauschvorganges in verwirbelten Strömungen hinter Körpern mit abgelöster Strömung
51	*Johannes Pätzold, Erlangen*	Therapeutische Anwendung mechanischer und elektrischer Energie

52	*F. W. A. Patmore, London*	Der Air Registration Board und seine Aufgaben im Dienste der britischen Flugzeugindustrie
	A. D. Young, London	Gestaltung der Lehrtätigkeit in der Luftfahrttechnik in Großbritannien
52a	*C. Martin, London*	Die Royal Society
	A. J. A. Roux, Südafrikanische Union	Probleme der wissenschaftlichen Forschung in der Südafrikanischen Union
53	*Georg Schnadel, Hamburg*	Forschungsaufgaben zur Untersuchung der Festigkeitsprobleme im Schiffsbau
	Wilhelm Sturtzel, Duisburg	Forschungsaufgaben zur Untersuchung der Widerstandsprobleme im See- und Binnenschiffbau
53a	*Giovanni Lampariello, Rom*	Von Galilei zu Einstein
54	*Walter Dieminger, Lindau/Harz*	Ionosphäre und drahtloser Weitverkehr
54a	*John Cockcroft, F.R.S., Cambridge*	Die friedliche Anwendung der Atomenergie
55	*Fritz Schultz-Grunow, Aachen*	Kriechen und Fließen hochzäher und plastischer Stoffe
	Hans Ebner, Aachen	Wege und Ziele der Festigkeitsforschung, insbesondere im Hinblick auf den Leichtbau
56	*Ernst Derra, Düsseldorf*	Der Entwicklungsstand der Herzchirurgie
	Gunther Lehmann, Dortmund	Muskelarbeit und Muskelermüdung in Theorie und Praxis
57	*Theodor von Kármán, Pasadena*	Freiheit und Organisation in der Luftfahrtforschung
	Leo Brandt, Düsseldorf	Bericht über den Wiederbeginn deutscher Luftfahrtforschung
58	*Fritz Schröter, Ulm*	Neue Forschungs- und Entwicklungsrichtungen im Fernsehen
	Albert Narath, Berlin	Der gegenwärtige Stand der Filmtechnik
59	*Richard Courant, New York*	Die Bedeutung der modernen mathematischen Rechenmaschinen für mathematische Probleme der Hydrodynamik und Reaktortechnik
	Ernst Peschl, Bonn	Die Rolle der komplexen Zahlen in der Mathematik und die Bedeutung der komplexen Analysis
60	*Wolfgang Flaig, Braunschweig*	Zur Grundlagenforschung auf dem Gebiet des Humus und der Bodenfruchtbarkeit
	Eduard Mückenhausen, Bonn	Typologische Bodenentwicklung und Bodenfruchtbarkeit
61	*Walter Georgii, München*	Aerophysikalische Flugforschung
	Klaus Oswatitsch, Aachen	Gelöste und ungelöste Probleme der Gasdynamik
62	*Adolf Butenandt, München*	Über die Analyse der Erbfaktorenwirkung und ihre Bedeutung für biochemische Fragestellungen
63	*Oskar Morgenstern, Princeton*	Der theoretische Unterbau der Wirtschaftspolitik
64	*Bernhard Rensch, Münster*	Die stammesgeschichtliche Sonderstellung des Menschen
65	*Wilhelm Tönnis, Köln*	Die neuzeitliche Behandlung frischer Schädelhirnverletzungen
65a	*Siegfried Strugger †, Münster*	Die elektronenmikroskopische Darstellung der Feinstruktur des Protoplasmas mit Hilfe der Uranylmethode und die zukünftige Bedeutung dieser Methode für die Erforschung der Strahlenwirkung
66	*Wilhelm Fucks, Gerd Schumacher und Andreas Scheidweiler, Aachen*	Bildliche Darstellung der Verteilung und der Bewegung von radioaktiven Substanzen im Raum, insbesondere von biologischen Objekten (Physikalischer Teil)
	Hugo Wilhelm Knipping und Erich Liese, Köln	Bildgebung von Radioisotopenelementen im Raum bei bewegten Objekten (Herz, Lungen etc.) (Medizinischer Teil)
67	*Friedrich Paneth †, Mainz*	Die Bedeutung der Isotopenforschung für geochemische und kosmochemische Probleme
	J. Hans D. Jensen und H. A. Weidenmüller, Heidelberg	Die Nichterhaltung der Parität
67a	*Francis Perrin, Paris*	Die Verwendung der Atomenergie für industrielle Zwecke
68	*Hans Lorenz, Berlin*	Forschungsergebnisse auf dem Gebiete der Bodenmechanik als Wegbereiter für neue Gründungsverfahren
	Georg Garbotz, Aachen	Die Bedeutung der Baumaschinen- und Baubetriebsforschung für die Praxis

69	*Maurice Roy, Chatillon*	Luftfahrtforschung in Frankreich und ihre Perspektiven im Rahmen Europas
	Alexander Naumann, Aachen	Methoden und Ergebnisse der Windkanalforschung
69a	*Harry W. Melville, London*	Die Anwendung von radioaktiven Isotopen und hoher Energiestrahlung in der polymeren Chemie
70	*Eduard Justi, Braunschweig*	Elektrothermische Kühlung und Heizung. Grundlagen und Möglichkeiten
	Richard Vieweg, Braunschweig	Maß und Messen in Geschichte und Gegenwart
71	*Fritz Baade, Kiel*	Gesamtdeutschland und die Integration Europas
	Günther Schmölders, Köln	Ökonomische Verhaltensforschung
72	*Rudolf Wille, Berlin*	Modellvorstellungen zum Übergang Laminar-Turbulent
	Josef Meixner, Aachen	Neuere Entwicklung der Thermodynamik
73	*Ake Gustafsson, Diter v. Wettstein und Lars Ehrenberg, Stockholm*	Mutationsforschung und Züchtung
	Joseph Straub, Köln	Mutationsauslösung durch ionisierende Strahlung
74	*Martin Kersten, Aachen*	Neuere Versuche zur physikalischen Deutung technischer Magnetisierungsvorgänge
	Günther Leibfried, Aachen	Zur Theorie idealer Kristalle
75	*Wilhelm Klemm, Münster*	Neue Wertigkeitsstufen bei den Übergangselementen
	Helmut Zahn, Aachen	Die Wollforschung in Chemie und Physik von heute
76	*Henri Cartan, Paris*	Nicolas Bourbaki und die heutige Mathematik
76a	*Harald Cramér, Stockholm*	Aus der neueren mathematischen Wahrscheinlichkeitslehre
77	*Georg Melchers, Tübingen*	Die Bedeutung der Virusforschung für die moderne Genetik
	Alfred Kühn, Tübingen	Über die Wirkungsweise von Erbfaktoren
78	*Fréderic Ludwig, Paris*	Experimentelle Studien über die Distanzeffekte in bestrahlten vielzelligen Organismen
	A. H. W. Aten jr., Amsterdam	Die Anwendung radioaktiver Isotope in der chemischen Forschung
79	*Hans Herloff Inhoffen und Wilhelm Bartmann, Braunschweig*	Chemische Übergänge von Gallensäuren in cancerogene Stoffe und ihre möglichen Beziehungen zum Krebsproblem
	Rolf Danneel, Bonn	Entstehung, Funktion und Feinbau der Mitochondrien
80	*Max Born, Bad Pyrmont*	Der Realitätsbegriff in der Physik
81	*Joachim Wüstenberg, Gelsenkirchen*	Der gegenwärtige ärztliche Standpunkt zum Problem der Beeinflussung der Gesundheit durch Luftverunreinigungen
82	*Paul Schmidt, München*	Periodisch wiederholte Zündungen durch Stoßwellen
83	*Walter Kikuth, Düsseldorf*	Die Infektionskrankheiten im Spiegel historischer und neuzeitlicher Betrachtungen
84	*F. Rudolf Jung †, Aachen*	Die geodätische Erschließung Kanadas durch elektronische Entfernungsmessung
84a	*Hans-Ernst Schwiete, Aachen*	Ein zweites Steinzeitalter? – Gesteinshüttenkunde früher und heute
85	*Horst Rothe, Karlsruhe*	Der Molekularverstärker und seine Anwendung
	Roland Lindner, Göteborg	Atomkernforscnung und Chemie, aktuelle Probleme
86	*Paul Denzel, Aachen*	Technische und wirtschaftliche Probleme der Energieumwandlung und -Fortleitung
87	*Jean Capelle, Lyon*	Der Stand der Ingenieurausbildung in Frankreich
88	*Friedrich Panse, Düsseldorf*	Klinische Psychologie, ein psychiatrisches Bedürfnis
	Heinrich Kraut, Dortmund	Über die Deckung des Nährstoffbedarfs in Westdeutschland
89	*Wilhelm Bischof, Dortmund*	Materialprüfung — Praxis und Wissenschaft
90	*Edgar Rößger, Berlin*	Zur Analyse der auf angebotene tkm umgerechneten Verkehrsaufwendungen und Verkehrserträge im Luftverkehr
	Günther Ulbricht, Oberpfaffenhofen (Obb.)	Die Funknavigationsverfahren und ihre physikalischen Grenzen
91	*Franz Wever, Düsseldorf*	Das Schwert in Mythos und Handwerk
	Ernst Hermann Schulz, Dortmund	Über die Ergebnisse neuerer metallkundlicher Untersuchungen alter Eisenfunde und ihre Bedeutung für die Technik und die Archäologie

92	*Hermann Schenck, Aachen*	Wertung und Nutzung der wissenschaftlichen Arbeit am Beispiel des Eisenhüttenwesens
93	*Oskar Löbl, Essen*	Streitfragen bei der Kostenberechnung des Atomstroms
	Frederic de Hoffmann, Los Alamos	Ein neuer Weg zur Kostensenkung des Atomstroms. Das amerikanische Hochtemperaturprojekt (NTGR)
	Rudolf Schulten, Mannheim	Die Entwicklung des Hochtemperaturreaktors
94	*Gunther Lehmann, Dortmund*	Die Einwirkung des Lärms auf den Menschen
	Franz Josef Meister, Düsseldorf	Geräuschmessungen an Verkehrsflugzeugen und ihre hörpsychologische Bewertung
95	*Pierre Piganiol, Paris*	Probleme der Organisation der wissenschaftlichen Forschung
	Gaston Berger †, Paris	Die Akzeleration der Geschichte und ihre Folgen für die Erziehung
96	*Herwart Opitz, Aachen*	Technische und wirtschaftliche Aspekte der Automatisierung
	Joseph Mathieu, Aachen	Arbeitswissenschaftliche Aspekte der Automatisierung
97	*Stephan Prager, Düsseldorf*	Das deutsche Luftbildwesen
	Hugo Kasper, Heerbrugg (Schweiz)	Die Technik des Luftbildwesens
98	*Karl Oberdisse, Düsseldorf*	Aktuelle Probleme der Diabetesforschung
	H. D. Cremer, Gießen	Neue Gesichtspunkte zur Vitaminversorgung
99	*Hans Schwippert, Düsseldorf*	Über das Haus der Wissenschaften und die Arbeit des Architekten von heute
	Volker Aschoff, Aachen	Über die Planung großer Hörsäle
100	*Raymond Cheradame, Paris*	Aufgaben und Probleme des Instituts für Kohleforschung in Frankreich — Anforderungen an den wissenschaftlichen Nachwuchs in der Forschung und seine Ausbildung
	Marc Allard, St. Germain-en Laye	Das Institut für Eisenforschung in Frankreich und seine Probleme in der Eisenforschung
101	*Reimar Pohlman, Aachen*	Die neuesten Ergebnisse der Ultraschallforschung in Anwendung und Ausblick auf die moderne Technik
	E. Ahrens, Kiel	Schall und Ultraschall in der Unterwassernachrichtentechnik
102	*Heinrich Hertel, Berlin*	Grundlagenforschung für Entwurf und Konstruktion von Flugzeugen
103	*Franz Ollendorff, Haifa*	Technische Erziehung in Israel
104	*Hans Ferdinand Mayer, München*	Interkontinentale Nachrichtenübertragung mittels moderner Tiefseekabel und Satellitenverbindungen
105	*Wilhelm Krelle, Bonn*	Gelöste und ungelöste Probleme der Unternehmensforschung
	Horst Albach, Bonn	Produktionsplanung auf der Grundlage technischer Verbrauchsfunktionen
106	*Lord Hailsham, London*	Staat und Wissenschaft in einer freien Gesellschaft
107	*Richard Courant, New York; Frederic de Hoffmann, San Diego; Charles King Campbell, New York; John W. Tuthill, Paris*	Forschung und Industrie in den USA – ihre internationale Verflechtung
108	*André Voisin, Frankreich*	Über die Verbindung der Gesundheit des modernen Menschen mit der Gesundheit des Bodens
	Hans Braun, Bonn	Standort und Pflanzengesundheit
109	*Alfred Neuhaus, Bonn*	Höchstdruck-Hochtemperatur-Synthesen, ihre Methoden und Ergebnisse
	Rudolf Tschesche, Bonn	Chemie und Genetik
110	*Uichi Hashimoto, Tokyo*	Ein geschichtlicher Rückblick auf die Erziehung und die wissenschaftstechnische Forschung in Japan von der Meiji-Restauration bis zur Gegenwart
111	*Sir Basil Schonland, Harwell*	Einige Gesichtspunkte über die friedlichen Verwendungsmöglichkeiten der Atomenergie

112	*Wilhelm Fucks, Aachen*	Über Arbeiten zur Hydromagnetik elektrisch leitender Flüssigkeiten, über Verdichtungsstöße und aus der Hochtemperaturplasmaphysik
	Hermann L. Jordan, Jülich	Erzeugung von Plasma hoher Temperatur durch magnetische Kompression
113	*Friedrich Becker, Bonn*	Vier Jahre Radioastronomie an der Universität Bonn
	Werner Ruppel, Rolandseck	Große Richtantennen
114	*Bernhard Rensch, Münster*	Gedächtnis, Abstraktion und Generalisation bei Tieren
115	*Hermann Flohn, Bonn*	Klimaschwankungen und großräumige Klimabeeinflussung
116	*Georg Hugel, Ville-D'Array*	Über Petrolchemie
118	*Karl Steinbuch, Karlsruhe*	Über Kybernetik
	Wolf-Dieter Keidel, Erlangen	Kybernetische Systeme des menschlichen Organismus
119	*Walter Kikuth, Düsseldorf*	Die biologische Wirkung von staub- und gasförmigen Immissionen
	Franz Grosse-Brockhoff, Düsseldorf	Die Technik im Dienste moderner kardiologischer Diagnostik
120	*Milton Burton, Notre Dame, Ind., USA*	Energie-„Dissipation" in der Strahlenchemie
	Günther O. Schenck, Mülheim/Ruhr	Mehrzentren-Termination
121	*Fritz Micheel, Münster*	Synthese von Polysacchariden
	Paul F. Pelshenke, Detmold	Neuere Ergebnisse der Getreide- und Brotforschung
122	*Karl Steimel, Frankfurt/Main*	Der Standort der Industrieforschung in Forschung und Technik
	Fritz Machlup, Princeton (USA)	Die Produktivität der naturwissenschaftlichen und technischen Forschung und Entwicklung

AGF-G Heft Nr.		GEISTESWISSENSCHAFTEN
1	*Werner Richter †, Bonn*	Von der Bedeutung der Geisteswissenschaften für die Bildung unserer Zeit
	Joachim Ritter, Münster	Die Lehre vom Ursprung und Sinn der Theorie bei Aristoteles
2	*Josef Kroll, Köln*	Elysium
	Günther Jachmann, Köln	Die vierte Ekloge Vergils
3	*Hans Erich Stier, Münster*	Die klassische Demokratie
4	*Werner Caskel, Köln*	Lihyan und Lihyanisch. Sprache und Kultur eines früharabischen Königreiches
5	*Thomas Ohm, O. S. B.†, Münster*	Stammesreligionen im südlichen Tanganjika-Territorium
6	*Georg Schreiber †, Münster*	Deutsche Wissenschaftspolitiker von Bismarck bis zum Atomwissenschaftler Otto Hahn
7	*Walter Holtzmann, Bonn*	Das mittelalterliche Imperium und die werdenden Nationen
8	*Werner Caskel, Köln*	Die Bedeutung der Beduinen in der Geschichte der Araber
9	*Georg Schreiber †, Münster*	Irland im deutschen und abendländischen Sakralraum
10	*Peter Rassow †, Köln*	Forschungen zur Reichs-Idee im 16. und 17. Jahrhundert
11	*Hans Erich Stier, Münster*	Roms Aufstieg zur Weltmacht und die griechische Welt
12	*Karl Heinrich Rengstorf, Münster*	Mann und Frau im Urchristentum
	Hermann Conrad, Bonn	Grundprobleme einer Reform des Familienrechtes
13	*Max Braubach, Bonn*	Der Weg zum 20. Juli 1944. Ein Forschungsbericht
15	*Franz Steinbach, Bonn*	Der geschichtliche Weg des wirtschaftenden Menschen in die soziale Freiheit und politische Verantwortung
16	*Josef Koch, Köln*	Die Ars coniecturalis des Nikolaus von Kues
17	*James B. Conant, USA*	Staatsbürger und Wissenschaftler
	Karl Heinrich Rengstorf, Münster	Antike und Christentum
19	*Fritz Schalk, Köln*	Das Lächerliche in der französischen Literatur des Ancien Régime
20	*Ludwig Raiser, Tübingen*	Rechtsfragen der Mitbestimmung
21	*Martin Noth, Bonn*	Das Geschichtsverständnis der alttestamentlichen Apokalyptik
22	*Walter F. Schirmer, Bonn*	Glück und Ende der Könige in Shakespeares Historien
23	*Günther Jachmann, Köln*	Der homerische Schiffskatalog und die Ilias (erschienen als wissenschaftliche Abhandlung)
24	*Theodor Klauser, Bonn*	Die römische Petrustradition im Lichte der neuen Ausgrabungen unter der Peterskirche
25	*Hans Peters, Köln*	Die Gewaltentrennung in moderner Sicht
28	*Thomas Ohm, O.S.B.†, Münster*	Die Religionen in Asien
29	*Johann Leo Weisgerber, Bonn*	Die Ordnung der Sprache im persönlichen und öffentlichen Leben
30	*Werner Caskel, Köln*	Entdeckungen in Arabien
31	*Max Braubach, Bonn*	Landesgeschichtliche Bestrebungen und historische Vereine im Rheinland
32	*Fritz Schalk, Köln*	Somnium und verwandte Wörter in den romanischen Sprachen
33	*Friedrich Dessauer, Frankfurt*	Reflexionen über Erbe und Zukunft des Abendlandes
34	*Thomas Ohm, O.S.B.†, Münster*	Ruhe und Frömmigkeit. Ein Beitrag zur Lehre von der Missionsmethode
35	*Hermann Conrad, Bonn*	Die mittelalterliche Besiedlung des deutschen Ostens und das Deutsche Recht
36	*Hans Schommodau, Köln*	Die religiösen Dichtungen Margaretes von Navarra
37	*Herbert von Einem, Bonn*	Der Mainzer Kopf mit der Binde
38	*Joseph Höffner, Münster*	Statik und Dynamik in der scholastischen Wirtschaftsethik
39	*Fritz Schalk, Köln*	Diderots Essai über Claudius und Nero
40	*Gerhard Kegel, Köln*	Probleme des internationalen Enteignungs- und Währungsrechts
41	*Johann Leo Weisgerber, Bonn*	Die Grenzen der Schrift – Der Kern der Rechtschreibreform
43	*Theodor Schieder, Köln*	Die Probleme des Rapallo-Vertrags. Eine Studie über die deutsch-russischen Beziehungen 1922–1926
44	*Andreas Rumpf, Köln*	Stilphasen der spätantiken Kunst

45	*Ulrich Luck, Münster*	Kerygma und Tradition in der Hermeneutik Adolf Schlatters
46	*Walther Holtzmann, Bonn*	Das deutsche historische Institut in Rom
	Graf Wolff Metternich, Rom	Die Bibliotheca Hertziana und der Palazzo Zuccari zu Rom
47	*Harry Westermann, Münster*	Person und Persönlichkeit als Wert im Zivilrecht
49	*Friedrich Karl Schumann †, Münster*	Mythos und Technik
52	*Hans J. Wolff, Münster*	Die Rechtsgestalt der Universität
54	*Max Braubach, Bonn*	Der Einmarsch deutscher Truppen in die entmilitarisierte Zone am Rhein im März 1936. Ein Beitrag zur Vorgeschichte des zweiten Weltkrieges
55	*Herbert von Einem, Bonn*	Die „Menschwerdung Christi" des Isenheimer Altares
56	*Ernst Joseph Cohn, London*	Der englische Gerichtstag
57	*Albert Woopen, Aachen*	Die Zivilehe und der Grundsatz der Unauflöslichkeit der Ehe in der Entwicklung des italienischen Zivilrechts
58	*Parl Kerényi, Ascona*	Die Herkunft der Dionysosreligion nach dem heutigen Stand der Forschung
59	*Herbert Jankuhn, Göttingen*	Die Ausgrabungen in Haithabu und ihre Bedeutung für die Handelsgeschichte des frühen Mittelalters
60	*Stephan Skalweit, Bonn*	Edmund Burke und Frankreich
62	*Anton Moortgat, Berlin*	Archäologische Forschungen der Max-Freiherr-von-Oppenheim-Stiftung im nördlichen Mesopotamien 1955
63	*Joachim Ritter, Münster*	Hegel und die französische Revolution
66	*Werner Conze, Heidelberg*	Die Strukturgeschichte des technisch-industriellen Zeitalters als Aufgabe für Forschung und Unterricht
67	*Gerhard Hess, Bad Godesberg*	Zur Entstehung der „Maximen" La Rochefoucaulds
69	*Ernst Langlotz, Bonn*	Der triumphierende Perseus
70	*Geo Widengren, Uppsala*	Iranisch-semitische Kulturbegegnung in parthischer Zeit
71	*Josef M. Wintrich †, Karlsruhe*	Zur Problematik der Grundrechte
72	*Josef Pieper, Münster*	Über den Begriff der Tradition
73	*Walter T. Schirmer, Bonn*	Die frühen Darstellungen des Arthurstoffes
74	*William Lloyd Prosser, Berkeley*	Kausalzusammenhang und Fahrlässigkeit
75	*Johann Leo Weisgerber, Bonn*	Verschiebung in der sprachlichen Einschätzung von Menschen und Sachen (erschienen als wissenschaftliche Abhandlung)
76	*Walter H. Bruford, Cambridge*	Fürstin Gallitzin und Goethe. Das Selbstvervollkommnungsideal und seine Grenze
77	*Hermann Conrad, Bonn*	Die geistigen Grundlagen des Allgemeinen Landrechts für die preußischen Staaten von 1794
78	*Herbert von Einem, Bonn*	Asmus Jacob Carsten, Die Nacht mit ihren Kindern
79	*Paul Gieseke, Bad Godesberg*	Eigentum und Grundwasser
80	*Werner Richter †, Bonn*	Wissenschaft und Geist in der Weimarer Republik
81	*Leo Weisgerber, Bonn*	Sprachenrecht und europäische Einheit
82	*Otto Kirchheimer, New York*	Gegenwartsprobleme der Asylgewährung
83	*Alexander Knur, Bad Godesberg*	Probleme der Zugewinngemeinschaft
84	*Helmut Coing, Frankfurt*	Die juristischen Auslegungsmethoden und die Lehren der allgemeinen Hermeneutik
85	*André George, Paris*	Der Humanismus und die Krise der Welt von heute
86	*Harald von Petrikovits, Bonn*	Das römische Rheinland. Archäologische Forschungen seit 1945
87	*Franz Steinbach, Bonn*	Ursprung und Wesen der Landgemeinde nach rheinischen Quellen
88	*Jost Trier, Münster*	Versuch über Flußnamen
89	*C. R. van Paassen, Amsterdam*	Platon in den Augen der Zeitgenossen
90	*Pietro Quaroni, Rom*	Die kulturelle Sendung Italiens
91	*Theodor Klauser, Bonn*	Christlicher Märtyrerkult, heidnischer Heroenkult und spätjüdische Heiligenverehrung
92	*Herbert von Einem, Bonn*	Karl V. und Tizian
93	*Friedrich Merzbacher, München*	Die Bischofsstadt
94	*Martin Noth, Bonn*	Die Ursprünge des alten Israel im Lichte neuer Quellen

95	*Hermann Conrad, Bonn*	Rechtsstaatliche Bestrebungen im Absolutismus Preußens und Österreichs am Ende des 18. Jahrhunderts
96	*Helmut Schelsky, Münster*	Der Mensch in der wissenschaftlichen Zivilisation
97	*Joseph Höffner, Münster*	Industrielle Revolution und religiöse Krise. Schwund und Wandel des religiösen Verhaltens in der modernen Gesellschaft
98	*James Boyd, Oxford*	Goethe und Shakespeare
99	*Herbert von Einem, Bonn*	Das Abendmahl des Leonardo da Vinci
100	*Ferdinand Elsener, Tübingen*	Notare und Stadtschreiber. Zur Geschichte des schweizerischen Notariats
102	*Ahasver v. Brandt, Lübeck*	Die Hanse und die nordischen Mächte im Mittelalter
103	*Gerhard Kegel, Köln*	Die Grenze von Qualifikation und Renvoi im internationalen Verjährungsrecht
104	*Heinz-Dietrich Wendland, Münster*	Der Begriff Christlich-sozial. Seine geschichtliche und theologische Problematik
105	*Joh. Leo Weisgerber, Bonn*	Grundformen sprachlicher Weltgestaltung
106	*Herbert von Einem, Bonn*	Das Stützengeschoß der Pisaner Domkanzel. Gedanken zum Alterswerk des Giovanni Pisano
107	*Kurt Weitzmann, Princeton (USA)*	Geistige Grundlagen und Wesen der Makedonischen Renaissance
108	*Max Horkheimer, Frankfurt/Main*	Über das Vorurteil
110	*Sir Edward Fellowes, K. C. B., C. M. G., M. C., London*	Die Kontrolle der Exekutive durch das britische Unterhaus

AGF-WA Band Nr.		WISSENSCHAFTLICHE ABHANDLUNGEN
1	*Wolfgang Priester, Hans-Gerhard Bennewitz und Peter Lengrüßer, Bonn*	Radiobeobachtungen des ersten künstlichen Erdsatelliten
2	*Leo Weisgerber, Bonn*	Verschiebungen in der sprachlichen Einschätzung von Menschen und Sachen
3	*Erich Meuthen, Marburg*	Die letzten Jahre des Nikolaus von Kues
4	*Hans-Georg Kirchhoff, Rommerskirchen*	Die staatliche Sozialpolitik im Ruhrbergbau 1871–1914
5	*Günther Jachmann, Köln*	Der homerische Schiffskatalog und die Ilias
6	*Peter Hartmann, Münster*	Das Wort als Name (Struktur, Konstitution und Leistung der benennenden Bestimmung)
7	*Anton Moortgat, Berlin*	Archäologische Forschungen der Max-Freiherr-von-Oppenheim-Stiftung im nördlichen Mesopotamien 1956
8	*Wolfgang Priester und Gerhard Hergenhahn, Bonn*	Bahnbestimmung von Erdsatelliten aus Doppler-Effekt-Messungen
9	*Harry Westermann, Münster*	Welche gesetzlichen Maßnahmen zur Luftreinhaltung und zur Verbesserung des Nachbarrechts sind erforderlich?
10	*Hermann Conrad und Gerd Kleinheyer, Bonn*	Carl Gottlieb Svarez (1746–1798) – Vorträge über Recht und Staat
11	*Georg Schreiber †, Münster*	Die Wochentage im Erlebnis der Ostkirche und des christlichen Abendlandes
12	*Günther Bandmann, Bonn*	Melancholie und Musik. Ikonographische Studien
13	*Wilhelm Goerdt, Münster*	Fragen der Philosophie. Ein Materialbeitrag zur Erforschung der Sowjetphilosophie im Spiegel der Zeitschrift „Voprosy Filosofii" 1947–1956
14	*Anton Moortgat, Berlin*	Tell Chuēra in Nordost-Syrien. Vorläufiger Bericht über die Grabung 1958
15	*Gerd Dicke, Krefeld*	Der Identitätsgedanke bei Feuerbach und Marx

16a	*Helmut Gipper, Bonn und Hans Schwarz, Münster*	Bibliographisches Handbuch zur Sprachinhaltsforschung, Teil I (Erscheint in Lieferungen)
17	*Thea Buyken, Bonn*	Das römische Recht in den Constitutionen von Melfi
18	*Lee E. Farr, Brookhaven, Hugo Wilhelm Knipping, Köln, und William H. Lewis, New York*	Nuklearmedizin in der Klinik. Symposion in Köln und Jülich unter besonderer Berücksichtigung der Krebs- und Kreislaufkrankheiten
19	*Hans Schwippert, Düsseldorf Volker Aschoff, Aachen, u. a.*	Das Karl-Arnold-Haus. Haus der Wissenschaften der AGF des Landes Nordrhein-Westfalen in Düsseldorf. Planungs- und Bauberichte (Herausgegeben von Leo Brandt, Düsseldorf)
20	*Theodor Schieder, Köln*	Das deutsche Kaiserreich von 1871 als Nationalstaat
21	*Georg Schreiber †, Münster*	Der Bergbau in Geschichte, Ethos und Sakralkultur
22	*Max Braubach, Bonn*	Die Geheimdiplomatie des Prinzen Eugen von Savoyen
23	*Walter F. Schirmer, Bonn und Ulrich Broich, Göttingen*	Studien zum Literarischen Patronat im England des 12. Jahrhunderts
24	*Anton Moortgat, Berlin*	Tell Chuēra in Nordost-Syrien. Vorläufiger Bericht über die dritte Grabungskampagne 1960
26	*Vilho Niitemaa Turku, Pentti Renvall, Helsinki, Erich Kunze, Helsinki und Oscar Nikula, Åbo*	Finnland – gestern und heute

SONDERVERÖFFENTLICHUNGEN

Aufgaben Deutscher Forschung, zusammengestellt und herausgegeben von *Leo Brandt*

Band 1 Geisteswissenschaften · Band 2 Naturwissenschaften
Band 3 Technik · Band 4 Tabellarische Übersicht zu den Bänden 1—3

Festschrift der Arbeitsgemeinschaft für Forschung des Landes Nordrhein-Westfalen zu Ehren des Herrn Ministerpräsidenten *Karl Arnold* anläßlich des fünfjährigen Bestehens am 5. Mai 1955.

GPSR Compliance

The European Union's (EU) General Product Safety Regulation (GPSR) is a set of rules that requires consumer products to be safe and our obligations to ensure this.

If you have any concerns about our products, you can contact us on ProductSafety@springernature.com

In case Publisher is established outside the EU, the EU authorized representative is:

Springer Nature Customer Service Center GmbH
Europaplatz 3
69115 Heidelberg, Germany

Batch number: 10809636

Printed by Printforce, the Netherlands